青春文庫

幸運の根っことつながる方法

浄化するほど幸運スパイラルが回り始める

菊山ひじり

青春出版社

たとえどんなに豊かな実りを得たいと願っていても
根っこがしっかり張っていなければ
花は咲かず、実りを得ることもできません。

この本は、しっかりと根っこを張って幸運とつながり
願いを叶えて幸せになりたい……

そんなあなたに贈ります。

はじめに

あなたが今この本と出会ったのは、あなたが今、**人生を変える時期**に来ているからに違いありません。

私は幼い頃から直感力が鋭く、一目見ればその人のことがだいたいわかってしまう、いわゆるサイキックでした。20代には会社勤めの一方で占い師として、また40代になってからはスピリチュアル・セラピストとして、今までに5000人以上の方のご相談を受け、セラピーを行ってきました。

セラピーを通して、**運をつかめない人には共通のパターンがある**と感じています。

それは、**「自分の軸（根っこ）がないこと」「手放せないこと」**の2つです。

現代は、先行きの不安から保身の傾向が非常に強くなっています。特に自分の軸がない方は自信が持てず、「現状を維持しよう」「とりあえず取っておこう」という溜め込み型の思考になりがちです。そしてその溜め込み思考が運を悪くしてしまうのです。

誰にでも**「自分が持てるキャパシティ」**があり、両手いっぱいに荷物を抱えていると、それ以上は持てません。「持っているという安心感」のためにいらないものまで溜め込むと、本来願っていることが入る余地がなくなってしまうのです。これでは、いくらいいことを引き寄せたくても無理な相談です。

ところが、**自分の軸がしっかりしていると精神的に安定してくる**ので、**自分の心を静かに見つめて、いらないものを手放していく**ことが容易になってきます。

すると、身も心も軽くなり、新しいものが入ってくるスペースができます。そして、どんどん**幸運のスパイラル**が回り始めます。

今は、「オーラ」「エネルギー」「浄化」「引き寄せの法則」などのスピリチュアルな概念が一般の方にも広く知られるようになりました。

でも、知識として「知っている」ことと、それを「実際にできる」ことは違います。私も今までにたくさんの方から、

「エネルギー浄化をしているのに、運がよくならない」

「引き寄せの法則の本を読んで、その通りにやっているのにうまくいかない」

といったご相談を受けています。

そんな方のために、**実践の秘訣**をたくさん書いたのが、この本です。

しっかりと軸を作り、いらないものを手放して幸運を引き寄せるための**意識の持ち方・使い方、体感を使った具体的なメソッドやプチ儀式などのワーク**をお伝えしていきたいと思います。

ちょっと試してみるだけで、自分の中から不要なものが解放されて、軽くなっていくのを感じていただけると思います。

なお、ご紹介するメソッドやワークを行うときのコツは、**「体感」を使うこと**です。人間は肉体だけでなく、心を持った存在です。そして昔から「病は気から」と言われるように、**気持ち（心・意識）と身体は非常に深くつながっています。**気持ちが落ち込んだら体調まで悪くなったという経験をした方もいらっしゃるのではないでしょうか。

逆に言えば、身体に何らかの形でアプローチすると、心の状態に変化が出るということでもあります。たとえば、病気のときは気分も落ち込みがちになりますが、体調がいいときは、気持ちにも余裕ができて明るくなれますよね。

つまり、**「身体で感じる感覚＝体感」**は、**心・意識に大きな影響を与えます。**ですから、体感を生かした形でワークを行うことはとても重要であり、効果的なのです。

頭で考えるだけでは、何も変わりません。だまされたと思って、ぜひ実際にワークを試してみてください。その効果にビックリされるはずです。

この本を読んでくださった皆さまが、たくさんの幸せを手に入れて、自分らしく輝く素晴らしい日々を過ごされることを心より願っています。

●手放して願いが叶った私の体験──初著書ができるまで

実は、初めての著書の出版のお話も、手放したらやってきました。

2010年頃のこと。長年、スピリチュアル・セラピストとしてご相談を受け、セラピーをしてきた経験から気づいたことや、培ってきた多くのメソッド、そして幸せになるためのヒントを本にしてみなさんにお伝えしたいな……と思っていました。

ところが、出版セミナーなどで方法を探ってみても、講師や参加者の方々は、多くの企画書を用意してバリバリと積極的に売り込む有能なビジネスパーソンばかり。瞑想で自分と対話しながらマイペースで事を進める私とは全く波長が合わない世界で、実現は無理に思えました。

いろいろ考えた末、「もし私が本を出す意義があるなら、きっと道が開けるはずだから、焦らず待とう」と結論づけて、何もしないことにしました。サロンでのセッションやセミナーも忙しく、出版のために使うエネルギーは残っていなかったのです。

ただ、2011年につくった「願い事リスト」には、一応こうメモしておきました。

「2012年に出版社から依頼が来て、本を出版する」

そして、2011年は何事もなく終わり、年が明けても、毎日セッションで忙しく過ごしていました。ところが3月に、何気なく受けた健診で、ある病気が判明しました。幸いにも早期発見で、治療も順調に進み、大事には至りませんでした。でも、今までのような毎日とは一変して、仕事を休んで日々必要な治療をしたり、食事療法をしたり、瞑想で自分自身と向き合ったり、ほとんどの時間を心を整えることなどに費やすようになりました。

この治療期間は、私にとって重要な内省の期間になりました。日々瞑想を続けていくことで**潜在意識の中にあるネガティブな思考パターン**に気づきはじめたのです。

自分の影の部分を見つめる作業はつらく、時には落ち込むこともありました。でも、それらをひとつずつ認めて受け入れていくうちに、**自分の軸**がしっかりとしてきて、**自己肯定感**が強くなってきました。

すると徐々に、今までのネガティブな思考パターンは、もう自分には必要なくなったのだと感じてきました。**まさに、いらなくなったものを手放していく感覚です。**

その感覚がつかめたあとは、どんどん手放せるようになり、心の中がとっても軽くスッキリしていきました。

そして心が軽くなるにつれて、自分を縛っていたさまざまな思い込みやしがらみがどんどんなくなり、とてもシンプルに、ラクになってきました。自分にとって本当に必要な大切なことがわかってきたのです。

5月のある日、「願い事リスト」を見た私は、「出版できなくても、ま、いっか。全部、天にまかせて忘れちゃおう」と思いました。そして「2012年に出版社から依頼が来て、本を出版する」というメモを、ぽいっとゴミ箱に捨ててしまったのです。

その1週間後。一度お会いしたことはあったものの音信不通だった青春出版社のNさんから、1通のメールが届きました。そこには、「今回、菊山さんに書いてもらいたい本のテーマがありまして」という文字が……。

そう、書籍の執筆依頼だったのです。さらに、テーマはなんと「手放して生きる」。偶然というには、あまりにできすぎた展開ですよね。天の計らいとは、なんて粋なのでしょう。

「手放せば、手に入る」

本当に、その通りなのです。ぜひあなたも、自分の軸をしっかり持って、いらないものを手放して、願っているものを手に入れてください。

目次

第2章　「心のクセ」に気づくだけで、人生は驚くほど変わります

第3章 本当に出会うべき相手はむこうからやってきます

［恋愛・結婚運アップ］

カバー写真
Shutterstock/Africa Studio

本文イラストレーション
コイヌマユキ（asterisk-agency）

本文デザイン・DTP
山内宏一郎（SAIWAI DESIGN）

第1章

誰もが
幸せになるために
生まれてきました

幸運体質になるために、いちばん大切なこと

世の中には、**次から次へとラッキーなことを引き寄せる「幸運体質」**に見える人がいます。でも、一生懸命頑張っているのに、なかなかうまくいかない人がいるのも事実です。どうしてこんな違いが生まれるのでしょうか？

運を悪くする原因は、いらない荷物でキャパシティがいっぱいになって、よいものが入れないから……と前述しましたが、「いらない荷物」や「キャパシティ」とは、具体的に何でしょうか？

この本で言う**「いらない荷物」**とは、物質的なモノだけでなく、心の中の感情・イメージなど「形のないモノ」を含みます。この「形のないモノ」は、実は想像

以上に運勢に影響します。

またお金もそうで、ただ貯め込んでいるだけでは運が悪くなります。ムダ遣いする必要はありませんが、適切な消費や寄付など、役立つ形で手放していかないと、それ以上は入ってこなくなります。

たとえば最近さっぱり連絡が来ない彼氏や、話が合わなくなった友達との関係も不要と言えるかもしれません。相手のエネルギーでいっぱいになっている間はほかのエネルギーは入ってこられないので、次の出会いはやってきづらいのです。

また、職場や家庭をはじめとする人間関係のストレスや、過去のつらい思い出、そこから派生した悲しみ・怒り・不安などのネガティブな感情や、「私なんかダメ」といったネガティブなセルフイメージなども、手放したほうがいいと言えます。

これらの**「いらない荷物」を手放していくと、キャパシティに空きができ、いいものが入るスペースができてきます。**また、手放していく過程で意識がポジティブに変わっていくので、その波長に共鳴して、幸運が舞い込むようになるのです。

ここで言う**「キャパシティ」**は、「意識の容量」を指しています。意識の仕組みを理解すると、なぜ手放せば幸運体質になれるのかがわかるようになるでしょう。

図のように、意識には大きく分けて、**顕在《けんざい》意識**（＝表面的な意識）と**潜在《せんざい》意識**（＝無意識）があります。

顕在意識とは、普段私たちが認識している、表面的な意識のことです。「この願いを叶えたい」「あれが欲しい」と考えたり、「これがいい」と判断したり、また、「ポジティブになろう！」と思ったりするのも、顕在意識の領域です。

意識全体からすると、顕在意識は氷山の一角みたいに小さなもの。実は、**意識の大部分を占めているのは潜在意識**のほうなのです。

潜在意識は、自ら考えたり判断したりすることはありません。非常に受動的な意識で、**普段私たちが忘れているさまざまな過去の記憶や思考、本能などがすべて貯蔵されている「イメージタンク」のようなもの**です。

図の通り、意識のほとんどは潜在意識なので、無意識の世界というのは非常に大きな影響力があるわけです。もし、この潜在意識の中が、自分では気づいていなかったネガティブなイメージや思考パターンなどでいっぱいになっていたら

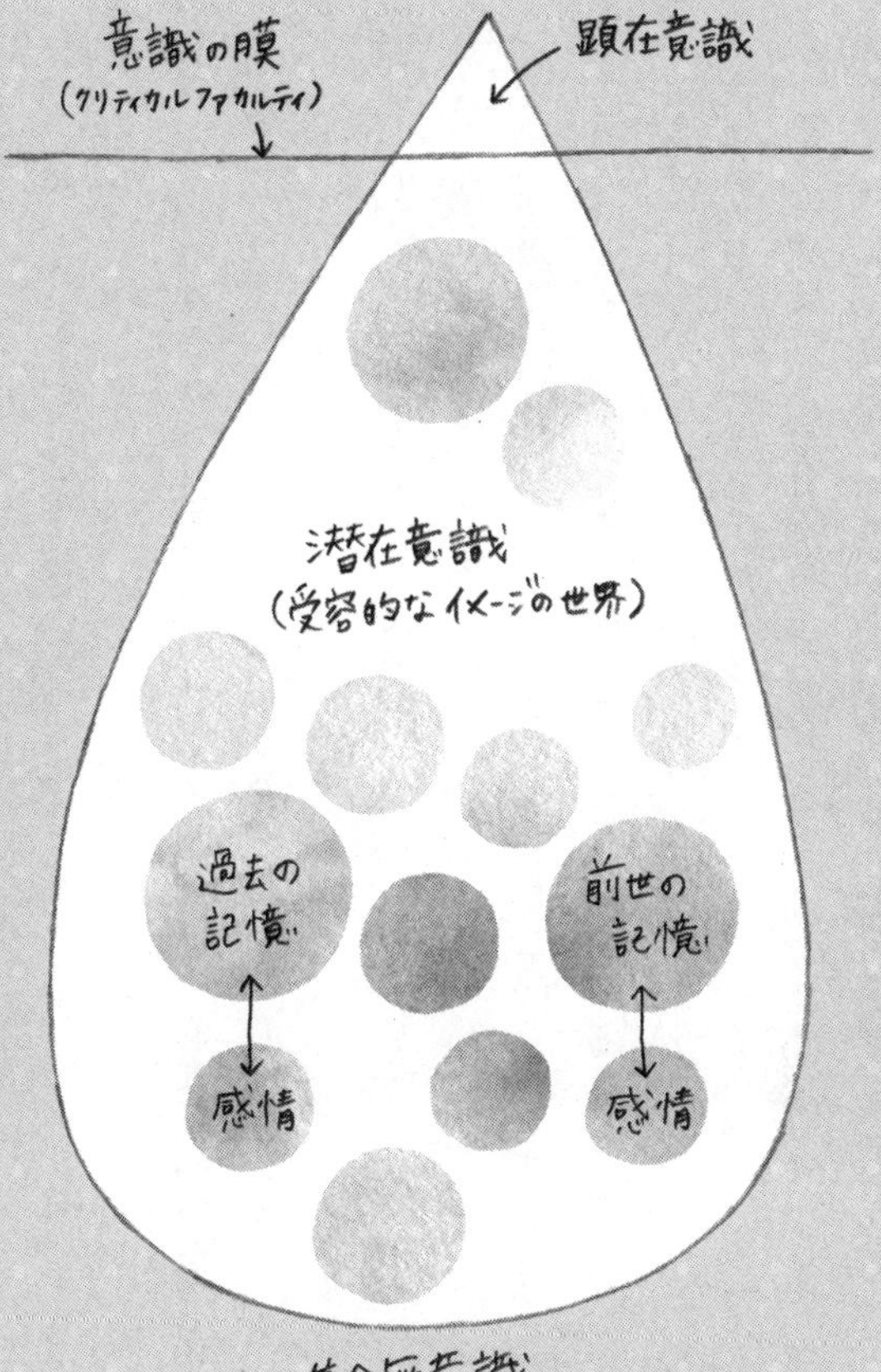
意識の膜
(クリティカルファカルティ)
顕在意識
潜在意識
(受容的なイメージの世界)
過去の記憶
感情
前世の記憶
感情
集合無意識

……。顕在意識でどんなにポジティブなことをイメージしても、引っ張られてしまいます。そして、潜在意識の中にあるネガティブなイメージが実現してしまうのです。

つまり、**今まで幸運を引き寄せられなかった原因は、「潜在意識に幸運を阻むようなネガティブな思考パターンやイメージが溜まっていたから」**なのです。

最近は「引き寄せの法則」が非常に一般的になってきました。「心の中でイメージしたことが現実に引き寄せられる」というスピリチュアルな法則です。

たとえば、仕事で成功したイメージをすることで本当に成功が手に入る、とても高級で買えないような自動車が手に入ったとイメージすることで実際に何らかの形で自動車が手に入る、というような法則です。

引き寄せの法則では、「ネガティブなことにフォーカスする（焦点を向ける）と、ネガティブを引き寄せる。だから、ポジティブなことだけに集中しよう」と言います。ただ、どんなに顕在意識でポジティブなことだけ考えているつもりでも、潜在意識に溜まっているネガティブなイメーに気づかずそのままにしていたら、差し引きゼロ、もしくはマイナスになってしまい、全く意味がありません。

「彼が欲しい」と思っていても、心の奥深くで「本当に出会えるかな」「私は男運が悪いから」などと思っていたら、台無しになってしまうのです。

つまり、幸運を引き寄せたいのなら、まずは潜在意識に溜まっているネガティブな思考パターンやイメージに気づき、それを手放していく必要があるのです。

とはいえ、ネガティブな感情やイメージにいざ向き合うと、自分の姿に落ち込んでしまうこともあるかもしれません。でも、**溜め込んだままにしておいたら何も変わらず、運はもっと悪くなります。**

すでに自分の中にあるものなのですから、逃げても仕方ありません。まずはしっかりと向き合い、ネガティブもポジティブも含めた自分自身を認めていくことが第一歩なのです。

ネガティブは決して「悪」ではありません。**単に「ネガティブである」という状態に過ぎず、あなたがそんな気持ちを持っていたとしても悪いことではありません。**ネガティブな気持ちを、周囲に危害を加えるような問題行動に転換していない限り、悪くもなんともないのです。

ですから、**「悪いものを手放す」のではなく、「不要なものを手放してラクになっていく」**ととらえてください。

重荷を手放すことを意識し始めると、徐々に習慣になっていき、考え方のパターンとして定着していきます。最初は慣れなくても、続けているうちにどんどん簡単に手放せるようになっていきます。

気持ちも軽くなり、生きるのがラクになっていくと、次々にいいことをたくさん引き寄せられる幸運体質に変わっていきます。

どんどん手放して、あなたの周りにいいことをいっぱい起こしていきましょう。

根拠のない「不安」に惑わされていませんか？

今の時代、不安というのは誰もが抱えている感情と言えるかもしれません。

「明日のプレゼン大丈夫かな？」「うちの会社大丈夫かな？」など明確な理由がある場合もあれば、「明日のプレゼン大丈夫かな？」というように、漠然とした不安を感じる場合もあるでしょう。

実は、不安には根拠はありません。一見、根拠があるようでも、それは単なる引き金にすぎないのです。**不安のいちばんの原因は、自分への信頼感が足りないことや、自己肯定感が低いこと**にあります。

自信や肯定感があると、根本的に「自分はきっと大丈夫」という安心感を持てるので、周りの状況がどうであれ、不安に振り回されることは少なくなります。

いつも安定していられるのですね。

不安を感じたとき、自分の心を埋めようとして、たとえば飲酒や買い物、恋愛など、外部の何かに依存する場合もあるかもしれません。でも、外部の何かによって不安をごまかせたとしても、それは一時的な幻想にすぎません。**不安を取り除けるのは、「自分自身への信頼」**以外にはないのです。

自分への信頼感を持つ第一歩は**「自分の体を感じること」**です。意外に思われるかもしれませんが、自分に自信のない方というのは、ほぼ例外なく「今ここにいる自分」という肉体の感覚が希薄なのです。自分の存在を感じていないために、信頼感も肯定感も持てなくなっています。

まず体感として「今ここにいる自分」をしっかりと感じて**認められるようになると、不思議と自分への信頼感につながっていきます。**

そこで、最初に「今ここにいる自分」をしっかりと感じるための「丹田」「中心軸」のボディワークと、自分の中に溜まっている不安を吹き飛ばすプチ儀式をやってみましょう。

WORK 1

〝今ここにいる自分〟を実感する「丹田・中心軸」のワーク

このボディワークは、幸運体質をつくる基本になります。

「丹田」とは気功の概念で、実際に身体にあるものではなく、**イメージの中で下腹部につくっていく熱いエネルギーのボール**です。

ピンとこない方は、**「重心」**と考えてみましょう。丹田がしっかりつくれると、全身に活気が出て元気になります。体が熱くなる方もいます。また、重心がしっかり安定し、どっしりと腹が据わってきます。いわゆる運のいい人、夢を実現できる人や成功者は、例外なく丹田がとてもしっかりしています。

「中心軸」は、その名の通り、**自分の真ん中の軸**のことです。**今自分がここに存**

在しているという感覚とも言える、大切なものです。

中心軸が上手にできるようになると、身体はもちろん、人生のバランス感覚もよくなります。体感に連動して気持ちも安定して、周囲の意見に惑わされることやブレが少なくなってきます。

丹田・中心軸をしっかりつくり、自分の中に溜まっている不安をプチ儀式で吹き飛ばしてしまえば、今ここにいる自分を肯定的な感覚でしっかり受け止め、愛することができるようになります。

●丹田のつくり方

方法はいろいろありますが初めての方でも簡単にできる方法をお教えします。

①両手をよくこすり合わせて温かくします。

②下腹部（女性なら子宮、男性なら膀胱の辺り）に両手を当てます。

③深呼吸をしながら、手のひらから伝わる温かい感覚をじっくり味わいます。

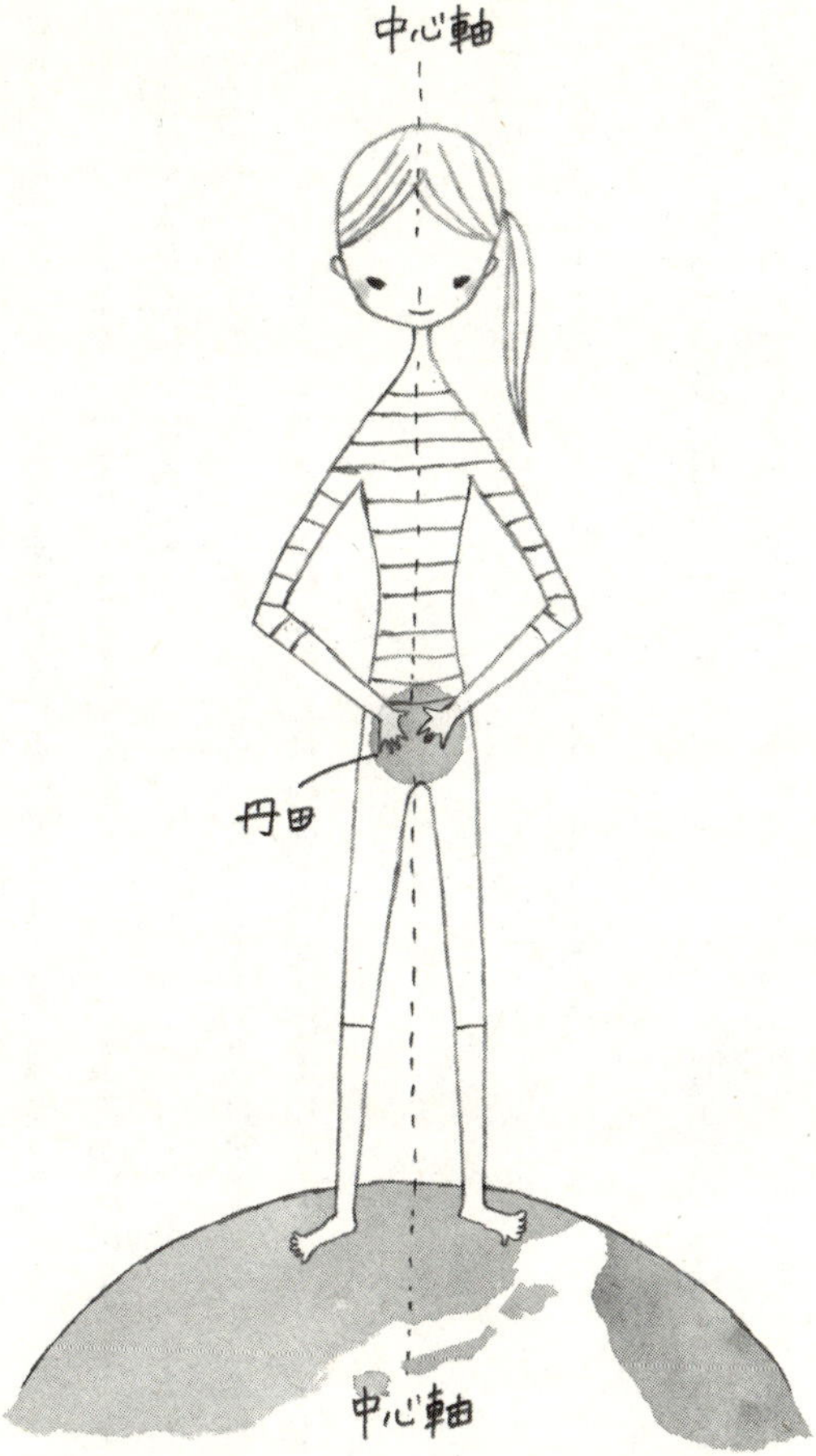
中心軸
丹田
中心軸

④その温かさがお腹の中でボールのように丸まっていくとイメージします。

⑤丹田が温かく、どっしりと安定している感覚をキープしましょう。ボールのイメージが上手にできなくても構いません。下腹部が温かく安定している感覚を味わえればOKです。

丹田がしっかりできたら、「大丈夫」と自分に優しく声をかけてあげましょう。今ここにいる自分をしっかり受け入れられれば、不安は徐々になくなっていきます。

●中心軸のつくり方

丹田が感じられたら、次は中心軸をつくってみましょう。

①自転車に乗っていると想像してみてください。カーブを曲がるときに自然と自分の中心を感じてバランスを取っていると思います。その中心の感覚が「中心軸」です。

②片足立ちをしてみると、倒れないように身体が自然と中心を感じてバランスを取ろうとしますね。そのときの中心の感覚も、同じ中心軸です。

ポイントは、**中心軸を取ったときの身体全体のバランス感覚をしっかりとつかむこと**です。中心軸だけを感じようとすると感覚は逃げてしまうので、何度も練習して、フラフラしない安定した状態の感覚をしっかりと体で覚えましょう。

また、「軸」を無理に作ったり探そうとしたりしないでください。あなたの体の中には必ず「真ん中」が存在します。つまり、軸は絶対にあるのです。**ただ自分の真ん中だけに意識を向ける**、というふうに捉えてみてくださいね。

なお、この丹田と中心軸が安定した状態を、**グラウンディング（地に足がついた状態）**といいます。この安定したよい状態が身につくと、次第にその状態が当たり前になってきます。すると、「腹の据わった状態」がいつもキープされるので、何があっても落ち着いて対応できるようになり、運はぐんとよくなります。まずは、丹田・中心軸のつくり方をしっかり練習して、幸運体質を手に入れましょう。

WORK 2

「不安の〝ボール〟」を遠くへ飛ばすプチ儀式

丹田・中心軸ができたら、不安を手放すプチ儀式を行ってみましょう。

① 一人になれる静かな場所で椅子に座ります。目を閉じて、全身の感覚を感じながら、自分にこう質問してみましょう。**「不安を感じているのはどこかな？」**「ここかな」と思う場所に手を当てます。よくわからない場合は、みぞおちや胸の付近に手を当てて「今はここに不安がある」とひとまず決めてください。自分で「ここでいい」と思えればＯＫ。慣れると何となくわかってきます。

② 次に、深く深呼吸をしながら、手を当てた部分に**グレーの雲のようなボール**が

あるとイメージします。そのボールが「不安」です。

③イメージできたら、グレーのボールを両手の上に取り出すイメージをします。両手の上に載ったら、**「今まで一緒にいてくれてありがとう。私は今、あなたを天に手放します」**と唱え、お腹の底から息をフーッと吐いて、ボールを吹き飛ばしましょう。もやもやがスッキリしてボールが完全になくなったと感じるまで、何度も繰り返してください。

④すっかり消えたら、さっきの場所に再び手を当てます。手のひらの温かさを感じながら、そこに**温かい安心できるエネルギーが入ってくる**とイメージします。ゆっくりと呼吸をして、温かさと安心感を味わいましょう。さらに、胸や胃、おなかに手を当てて温めながら、次のような言葉を唱えるとより効果的です。

「大丈夫。きっと大丈夫」「絶対、何とかなる」

「よく頑張っているね。それでいいんだよ」

「○○を不安に感じる私もかわいい♪」

「よく頑張っててエライ！　それだけで十分すごいよ」

前世の記憶が「恐怖」の引き金になることも

不安という言葉では表現しきれない、もっと深い「恐れ」という感情もあります。程度の差こそあれ、「失敗するんじゃないか」「ひどい目にあうのではないか」「自分が悪いのではないか」といった恐れは誰もが感じたことがあるのではないでしょうか。「嫌われているのではないか」と引っ込み思案になったり、「私なんか」とひがみがちになって仲間外れになってしまったり、「どうせ無理だから」と最初からあきらめてしまい、せっかくのチャンスを逃してしまったり……。

本番に弱いタイプだと、頭では「今度は大丈夫だ」と考えて気持ちを強く持っても、いざ本番になると恐れが強くなり、結局実力が発揮できないことが繰り返されます。**すべては「恐れ」という感情が原因です。**

なぜ私たちは恐れてしまうのでしょうか？　どうすればこの恐れを手放すことができるのでしょうか？　そのヒントも、潜在意識にあります。最初にご説明したように、潜在意識は受動的な「イメージタンク」です。今世・前世を問わず、**恐怖を感じる体験のイメージや勇気を出せなかったイメージ、失敗したイメージが強く残っていると、顕在意識に影響して恐怖を感じやすくなる**のです。また、ひどいことを言われた記憶や暴力を受けた記憶、仲間外れにされた記憶などネガティブなイメージがたくさんあると、似た状況で過剰に反応してしまいます。

恐れを手放すには、**丹田を鍛えるワーク（P31）が非常に効果的**です。今ここにいる自分の体をしっかりと感じることで恐れから意識を離し、惑わされないようになります。そのうえで**潜在意識に刻まれている恐怖の記憶をポジティブなものに書き換えていく**ことも重要です。一般にも知られてきたヒプノセラピー（催眠療法）やNLP（神経言語プログラミング）などは、潜在意識のしくみを利用した心理療法の一種で、このような記憶の書き換えに作用すると言われています。

WORK 3

自分の失敗を自ら笑い飛ばす「マイ・ムービー鑑賞」

まずは恐れを味わい、徐々に慣らしていきます。そのうえで恐れを乗り越えるイメージを付け加えていくと、うまくイメージを書き換えることができます。

① まず、リラックスした状態で座るか横になり、ゆっくりと呼吸をしましょう。

② 全身がリラックスしたら、自分の目の前に映画のスクリーンがあるのをイメージしましょう。くっきり見えなくても大丈夫です。何となくそんな感じ……という程度で十分に効果があります。

③ スクリーンでは、**あなたが主演の映画**を上映します。映画の中には、**自分が恐**

れている状況が映像として現れてきます。たとえば、失敗をしている状況、上司に怒られている状況など。想像上のシーンでも構いません。

④**そのシーンをただ眺めましょう。もし恐怖感が湧いてきたら、それも味わいます。**涙が出そうになったら、止めずに流しましょう。でも映画の中に入り込まず、あくまで映画を見ている人となって観賞します。

⑤**映画を逆再生して初めまで戻ります。**今までのシーンが逆再生される滑稽な感じを楽しみましょう。たとえば、失敗して凹んでいる自分や、上司が怒り狂っている様子の逆再生を第三者視線で見るのです。これを3回ほど繰り返します。

⑥最後に、**同じ映画をもう一度イメージします。**ただし今度は**ラストシーンを変え、自分がその恐れを乗り越えて幸せになるイメージをつけましょう。**上司に怒られた経験ならば最後は「でも頑張ってるね」「最近ミスが少なくなったね」とほめられた、といった感じです。成功イメージは先に決めておくほうがよいですが、違うイメージや展開が思い浮かんだら変えても構いません。深刻にやるのではなく、恐れや深刻さを笑って楽しむノリでやるとうまくいきます。

「思い込み」を手放すと、たちまち自由になれます

私たちは知らず知らずのうちに、幼い頃の環境や親をはじめとする周囲の人たちの価値観に影響されているものです。それらは無意識レベルで「こういうものだ」「こうすべきだ」という思い込みをつくり、意識のフィルターができてきます。

そして誰もがその意識のフィルターを通して、この世を認識しています。つまり、**どんなことも決してニュートラルに認識しているのではなく、それぞれが「自分なりの解釈」を加えて見ている**のですね。

たとえば、私のお友達のSさんは、パーティー好きでお酒も大好きな社交家です。ある日、新しく知り合ったママ友をお家のパーティーに招いてビールを出し

たところ、大変驚かれてしまい、自分のほうがビックリしたと話してくれました。そのママ友は家でお酒を飲まないので、パーティーといえば手づくりお菓子やお茶が中心だったそう。「パーティー」という言葉に全く違うイメージを抱いていたというわけです。

また、私は生まれたときからのサイキックで、スピリチュアルな視点で物事を考えるのが当たり前の環境で育ってきました。ですから、お祈りや瞑想をしたり、お寺や神社にお参りしたりするのは、料理や洗濯をするのと同じレベルのことです。でも、スピリチュアルなことと縁遠い方が聞けば、家で瞑想をするなんて！とビックリされてしまうでしょう。

個人的な趣味の相違としてすめばまだいいですが、**日常レベルになればなるほど、違いを受け入れることが難しくなってきます。**

たとえば恋人や嫁姑の間では、「食器の洗い方が雑だ」「タオルのたたみ方が違う」「嫁ならもっと気を使うべき」と、自分の価値観と違うことにいちいち腹が立ってしまうことも多いでしょう。私もその昔、つきあっていた彼のお母さんに

「そんな洗い方では食器がかわいそう」と言われて非常に腹が立ったことがあります。

「こうあるべき」という価値観や思考の殻は、自分では無意識の場合も多いと思います。このように自分では気づかないような思考パターンは、**実はカルマの一部**です。

カルマとは、**過去世においてとった行動がつくり出した、今世でのパターン、限界**です。人間には魂があり、それが何度も生まれ変わって違う人生を体験する……という「輪廻《りんね》」の思想を基にしています。「因果の法則」と言うとわかりやすいでしょうか。

たとえば過去世で政治家だったとして、政府を揺るがすような発言をしたのが原因で政敵に暗殺されてしまったとします。すると、この苦い記憶から、もしかしたら今世では余計なことを一切言わない「ことなかれ主義」的な価値観を持って、すべてを判断するようになるかもしれません。苦い記憶が強烈だと、自己表現すること自体が恐ろしくなり、今世では失語症になる場合だってあるのです。

あるいは、前世で主婦だったとします。夫が浮気・ギャンブルなどで家庭を顧みず、姑にいじめられ、子供たちも頼りにならず、「もうこんな苦労は絶対したくない」と思って終わった人生だったとしましょう。すると、そのイメージが潜在意識に刻まれているので、今世でまた女性に生まれると「男は信用できない」という思い込みのフィルターを通してしまうようになり、人生の選択もそれに左右されるのです。

理由もなく男嫌いになるかもしれませんし、独身で一生を終えたり、もしかしたら女性をパートナーに求めたりするかもしれません。または、必死になって絶対に浮気やギャンブルをしない男性を見つけるかもしれません。

以上はわかりやすく説明するための例であり、実際にはソウルメイト（P133で詳しく説明します）の関係や、人生テーマや学びという絡みがあるので、こんなに単純ではありませんが、いずれにせよ、その根底にある思い・イメージが、どういう人生を送るかに根本的な影響を与えるのは確かです。

●思い込みゼロ。そこから新しいあなたが始まるのです

私たちは**カルマの影響による思い込み**が根底にあり、さらには**今世の生まれた環境から受ける思い込み**があり、決してこの世をニュートラルに見ることはできなくなっています。さらには、**何事も自分に都合よく見たり、都合の悪いことは見えなかったり**もします。その偏りがさらなる「運命」をつくり上げるのです。

もちろん思考パターンや思い込みは、人生の中の出会いや学びによって変えることができ、そこに人生の学びの意味があります。そして、**思考パターンや思い込みが変われば人生のパターンが変わる**ことになり、決して簡単ではありませんが「カルマを乗り超える」ということにつながっていくのです。

世界レベルで考えると、日本人にとってはビックリしてしまう常識や価値観も存在します。一部の国ではいまだに一夫多妻制が法的に認められていますし、親が決めた相手と結婚しないといけない国もあります。女性に相続権や選挙権がな

い国もあります。でもその国の人はそういうものだと思い込み、不満を抱きつつもそれをスタンダードに生きています。その人たちにとっては、それがカルマなのです。日本人からすると、「信じられない悪しき価値観」になるわけですが、本来そこに良し悪しはありません。ただ違う価値観の世界がある、というだけなのですね。

私たち日本人も自分たちのつくった社会の殻・価値観にとらわれて、それ以上の大きな素晴らしいものがあっても見えていないかもしれません。カルマの中にいると、カルマの枠の外のことは理解できないものなのです。

ここに、カルマを超えるヒントがあります。つまり、**カルマを超えるには、たとえ自分では「あり得ない」と思っても、いったん自分の価値観をはずしてゼロになって、まずすべて受け入れてみることが重要**なのです。「そんなことおかしい」「絶対違う」と感情的に強く思うことほど、感情がらみのカルマにとらわれている可能性が高いと言えます。

ですから、ともかく一度価値観をはずしてみることで、今までの自分の思い込みの殻（カルマ）がはずれて、ニュートラルに物事を見るチャンスができるのです。そして、ニュートラルに物事を見られるようになると、カルマに縛られた選択肢ではなく、**本当の意味でよりよい選択肢、つまり幸運を、引き寄せられるようになる**のです。

特に、「こうするべきでは！」という思いが怒りや憤りと一緒に湧いてくる場合は、自分の中に「こうあるべき」という強いこだわりが確実にある証拠です。「明らかに相手が間違っている!!」と思えば思うほど、そこに感情絡みのカルマが存在します。

思い込みを手放し、ニュートラルになるためには、次に紹介する**「魔法の言葉」を日常的につぶやき、思考と感情をいったん切り離す習慣**を身に付けていきましょう。最初は違和感があったとしても、続けていくと、自分の価値観と違うことが存在することを冷静に受け止めることができるようになります。

思い込みやこだわりを手放せると、カルマから自由になって、新しいいいパターンを受け入れるスペースができてきます。

WORK 4

肩の力がスーッと抜けていく「魔法の言葉」

事前準備として、肩の力を抜いてはぁ～っと息を吐きます。そして、次の「魔法の言葉」をつぶやいてみましょう。

「まぁ、いいか」

「そういう考え方（やり方）もあるんだ」

ポイントは**感情を絡めない**こと。「イヤだ」と思う気持ちはあっていいのです。でも「それとは違うものもあるのだ」という事実を、淡々ととらえましょう。それが、自分の価値観やこだわりにしがみつかずに、手放すということです。

自分から「迷うこと」を選んでいませんか？

「幸せになりたい」とおっしゃる方に「あなたにとって幸せって何ですか？」とお聞きすると、何が幸せかわからないという方が結構多くて驚きます。何が欲しいのかわからないので、どうしていいのかわからない……と迷っているのです。

選択肢がありすぎて、どれを選べばいいかわからないという人もいますが、それも結局は**自分にとっての幸せが何かわかっていない**からです。自分にとっての幸せが何かはっきりわかっている人は、決して迷いません。

実は、**迷っているのは、「迷うことを選んでいる」のと同じこと**です。そして、迷っているうちは決していいことは起こりません。なぜなら、この現実世界で何かを起こすには、**「願いの意識化」というプロセス**が必要だからです。

私たちをとりまくこの現実世界は、すべて私たちの意識・思考によってつくられています。何ひとつ例外はありません。

たとえば、街に立っているたくさんのビルや住宅も、まずは誰かの頭の中に「ビルを建てよう」「こういう家を建てよう」というイメージがつくられることから始まります。それをもっと具体的に計画し、実際に建設するという行動に移すことによって、最終的には街が形づくられてくるわけです。

それと同じように、自分の中で「あれが欲しい」「こうなりたい」という願いが意識化されると、心や体が反応し、具体的に行動を起こすようになります。すると、その行動に従って相手（環境）に反応が表れ、願いの実現化に向けて流れができてくるのです。

意識が向かないことは、絶対に現実化していきません。ですから、まずは**自分が欲しいものや願いを明確に意図し、イメージしていくこと**がとても重要になるのです。

顕在意識で「迷っている」ということは、「迷うと決めた」と天に宣言しているのと同じことです。そうすると、当然、天は迷うことをサポートしてくれますので、迷いは決して消えませんし、いつまでたっても何ひとつ手に入らないでしょう。

迷うせいで止まってしまうくらいなら、とりあえず何でもいいからひとつ決めて、行動しましょう。決めて動き出せば、それに連動して周りも動き始めます。

本当に小さなことでもいいのです。

「明日、映画を見よう」

「フラダンスを習おう」

など、**ともかく何か少しでも興味が湧くことを始めると、自分自身の気持ちも次第にはっきりしてきます。**実際にやってみたら、「やっぱりフラダンスは合わないからやめよう」と思うかもしれません。でも、それでいいのです。**自分の気**

持ちがハッキリしていくことで、次にどうしたいかが見えてくるからです。

迷いを手放し行動を始めれば、必ず変化が訪れます。

その変化を楽しんでいると、いつのまにか幸せになっていることに気づきます。

なお、どうしても行動に出る気が起きないという場合、体調が悪い、疲れすぎているなど、基本的なパワー（生命力）が不足している場合があります。

そういうときは、十分な休養をとる、自然に触れてリフレッシュするなど、まずパワーチャージから始めましょう。パワーが戻ってくると、自然と行動したくなってくるはずです。

時には、それでもどうしても迷いが手放せない……という時期があるかもしれません。そのときは、いっそのこと、迷うことを楽しんでしまいましょう。迷うにしても、**自ら選択しているという感覚**が大事です。十分に迷うことを楽しんだら、そのうち必ず行動できるときがやってきます。

幸運をつかむ人たちは、焦らず、待つのが得意

幸運をつかめない人には、とても明確な、共通している傾向があると思います。それは、焦りやすく、今すぐ目に見える結果を求めようとしてしまうことです。「願い」という心のエネルギーを、「現実」という物理的レベルで具現化していくには、それなりに時間がかかります。**そこをじっくり待てるかどうか**で、願いが叶うかどうかが決まります。

現実の世界というのは、非常に複雑にできています。まず、時間の流れがあります。そして、たくさんの人の思惑、都合が絡み合っています。時間の流れが縦糸になり、一つひとつの思惑や出来事が横糸となって、動き、絡み合い、編み物

が一目ずつ編まれていくようにでき上がっていくのが現実の世界です。したがって、その**一目一目が編まれて、自分の願いというレベルまで編み上がるまで、時間をかけて待たないとならない場合も多い**のです。完成には時間がかかります。

でも、幸運をつかめない方は、すぐに結果が出ないと焦ってしまい、「まだ手ごたえがないから、きっとこれは違うんだわ」と方向をコロコロ変えてしまうんですね。編み物の毛糸を全部ほどいて、何を編むか選ぶ段階から全部やり直しているのと同じです。それでは、編み物がなかなか完成しないように、いつまでたっても運をつかめるはずはありません。

幸運をつかめる人は、例外なく**待つことが上手**です。決して自分の願いから**ブレずに、あきらめずに、タイミングが来るのをじっと待てる**のです。不安になったときも感情に流されることがありません。淡々と、信じて待つことができます。

焦らずに、腹を据えて自分を信じて待てるかどうか。ここに、幸運をつかめるかどうかのカギがあります。焦りを手放して、いちばんよいチャンスをつかめるようになりましょう。

WORK 5

ここぞ！のチャンスに備える「瞑想のワーク」

焦っているときは、「丹田が上がった状態」になっています。重心が上がってしまい、足元がおぼつかなくなっている状態です。

この状態では冷静に物事を見つめることができなくなり、せっかく運がそこまで来ていても、うまくつかむことができません。

そこで、まずはP31にご紹介した方法で、**丹田・中心軸を強化**します。

そのうえで**瞑想を行い、焦りを手放していきましょう。**丹田と中心軸さえしっかりしていれば、ちょっとやそっとのことでは揺るがなくなります。さらにこの瞑想を加えれば、焦る気持ちに流されない、ブレない自分になれます。

①リラックスして座り、ゆっくりと呼吸をします。

②ゆったり落ち着いた感覚になったら、今焦っていることを思い浮かべます。

③「焦らなくても大丈夫です。いちばんよいタイミングがやってきます。そのときまで待てば、必ずうまくいきます」と宣言します。自分の中に染み込ませるように何度も唱えましょう。

④落ち着いた感覚を味わったら、「ゆったり待っていたら願いが叶った」というシーンをイメージしてみましょう。そして、願いが叶ってうれしい状態を味わいましょう。

⑤楽しい感じ、うれしい感じを味わったら、ゆっくり呼吸をして落ち着いてから終了します。

この瞑想ができるようになったら、次のページから、いよいよ願いを叶える瞑想「しゃぼん玉のイメージワーク」をやってみましょう。

WORK 6

願いを叶える瞑想「しゃぼん玉のイメージワーク」

「願いそれ自体を手放す」という究極の方法で、とても効果のある瞑想です。

まずは丹田・中心軸をしっかり作ってから行います。余計な不安や焦りがとれて、ただ単純に願い、求めることができるようになります。そして、**どのような形で成就するかをすべて天に任せることができる**ようになるので、エネルギー的にもクリアになり、余計な邪魔がなくなって、願いが実現しやすくなるのです。

① 背筋を伸ばして椅子に座ります。足の裏は床にぴったりとつけます。
② ゆっくりと呼吸をして、リラックスします。

③自分の願いが叶った状況をイメージします。できる限り、ありありと想像しましょう。また、願いが叶ってうれしい感情もじっくりと味わいます。

④ピークまで達したと思ったら、しゃぼん玉をイメージして、その中に先ほど想像した状況を入れましょう。

⑤そのしゃぼん玉が、ふわふわと昇っていき、天に消えていく様子をイメージしましょう。すっかりしゃぼん玉が消えたら、ワークは終了です。

あくまでも**願いを自分の手から手放すことが重要**です。ふわふわとイメージの入ったしゃぼん玉だけを、天に向けて飛ばしてください。また、そのとき自分も一緒に上がっていかないように注意してください。丹田・中心軸を意識してしっかりとグラウンディングしていることが、願いの現実化にはとても重要なのです。

なお、**同じ願いは続けて何度も行わないようにしましょう。**必死になっているのと同じですし、願いが叶うと信じていないことになってしまうので、逆効果です。ひとつのワークをしたら、次にするまで3週間以上は空けましょう。

「頑張ること」が「目的」になると、幸せを見失います

日本人は世界でもっとも勤勉な民族と言われています。でも、頑張りすぎる人は、あともう少しのところで幸運をつかみ損ねる場合があります。私自身、実は頑張るのが大好きなタイプ。ついついやりすぎてしまいダウンしたことが、今までいったい何度あったでしょうか。ですから一生懸命頑張る人の気持ちは誰よりもよくわかると同時に、それじゃダメなんだということもよくわかるのです。

頑張る人は、その頑張りによって結果を出すこともあるため、一見とても幸せそうです。成功体験によってやりがいを感じ、さらに頑張ってしまうことも多いはずです。ただし、いつのまにか**頑張ることが目的にすり替わってしまい、本来**

求めていた幸せからずれてしまうケースも多くあります。

たとえば、仕事で評価されるのが面白くて頑張っていたら、過労で病気になった……なんて、決してほめられた話ではありません。これでは幸運体質とは言えませんね（はい、私も反省しています……）。

頑張る人は、往々にして真面目です。日本で生き残るには、ある程度は頑張る必要があると思います。人間は社会的な動物ですから、自分の所属する社会の暗黙のルールには、どうしてもある程度合わせないと生きていけないからです。でも、それも程度問題ですね。**頑張ることは、決して美徳とは言い切れない**のです。

頑張ることで安心する人、頑張ることに自分の価値を感じている人もいると思います。そういう人は潜在的な不安感を抱えていたり、本来の自分の価値を認められない、自己評価が低い人です。頑張らない自分を認められないのです。

私たちは、一人ひとりがかけがえのない存在です。成功している、何ができる、頑張っている、といったこととは全然関係なく、**存在していること自体に意味があり、存在自体が尊い**のです。

自分に自信がなく、頑張り続けることで自分を認めようとする人はたくさんいます。頑張る真面目さ、正直さは評価されるべきだと思います。でも、それだけが唯一の価値観になってはいけませんから、もう少しほかのやり方を見つける必要があります。**一生懸命頑張るのが悪いのではありません。そこに埋没してしまうのが問題**なのです。

もちろん、人生にはここぞという勝負時があります。でも、いつもずーっと頑張り続けるのは、やはりどこかおかしいと言えるでしょう。機械もときどき休ませないと、ヒートアップして故障してしまいますよね。人間も同じです。

自分は何のために頑張っているのか。そこまで頑張ることが本当に必要なのか。不安を紛らわせているだけではないのか。自信のなさをごまかしているのではないか。単なる自己満足ではないのか。そういった視点を常に持ち、自分の気持ちにいつも問いかけていくと、不要な頑張りは手放せるようになります。

頑張りを手放せると、肩の力が抜けてきます。本来の自分らしさが戻って、生きるのが楽しくなります。すると、いいことをどんどん引き寄せられるのです。

WORK 7

本来の自分を取り戻す「全身脱力ワーク」

頑張りすぎているなぁ……と感じたら、ちょっとリラックス。肩の力を抜いて、ほっと自分を感じるためのワークです。

① 床に横になりましょう。
② 全身を軽くゆらして、余分な力を全部抜きます。
③ 目を閉じ、ゆったりと呼吸をします。
④ つま先から頭に向かって、順番にゆっくりと力を抜いていきます。足、足首、ふくらはぎ、ひざ、太ももの力を抜きます。

⑤次に、お腹、背中、胸、肩、両腕、手のひら、指先の力を抜きます。
⑥首、あご、目の周り、おでこ、頭の後ろの力を抜きます。
⑦もしまだ力が入っている部分があったら、そこの力を抜きます。
⑧心の中で次のようにゆっくりと唱えます。
「リラックスしているから、すべてがうまくいきます」

十分に気持ちよくなったら、終了しましょう。

「怒り」は隠さない……それがすこやかな魂を保つコツです

怒りは誰の中にも存在する感情です。ときどき「私には怒りはありません」と言う方がいらっしゃいますが、それは単に無自覚なだけの場合が多いのです。

たとえば、ファミレスで子供がこぼしたのをお母さんが怒っているのを見ると、「気持ちはわかるけど、あそこまで怒らなくてもいいんじゃないの?」と感じるケースも多々あります。でも、お母さんは、こぼしたことだけを怒っているのではありません。過去に何度も注意をしているのに今回もまたこぼした……というような、**過去から現在に至るすべての怒りが、一気に噴出しているのです。**

恋人同士のケンカでも、「大体あなたはいつもそうなのよ。だからあのとき……」などと過去の話を蒸し返す場合もありますね。これも、過去の怒りが今の問題に触発されて噴出しているケースです。

今世だけでなく、前世からの怒りが潜在意識に刻み込まれている場合もあります。いつも何となく怒りっぽい人や、いつもピリピリしていて小さなことに爆発する人、また特定のことに非常に激昂《げきこう》してしまうような場合は、**今世だけでなく、前世の怒りが潜在意識の中にたくさん溜まっているのが原因**かもしれません。

ただし不安と同様、怒りはそもそも悪ではありません。単なるエネルギーです。「怒っている＝悪」と思うと、怒っている自分を認められなくなり、「怒ってなんかいない」と心の奥深くに押し込んでしまいます。でも、その押し込まれた無自覚な怒りほど有害なものはありません。

怒っている自分を素直に認められれば、怒りのエネルギーを発散できます。**怒りは単なるエネルギーなので、発散すれば浄化されていきます。**これが無自覚の場合、怒りは心の奥深くに封印されて、決して発散されることがありません。するといつのまにか、怒りを起こした原因に対する恨み、悔しさ、不満というような感情と混ざり合い、とてもネガティブなエネルギーに変換されていきます。

そして、何か怒りを触発されることがあった際に、自分では知らず知らずのうちに、この怒りを発端としたネガティブなエネルギーを周囲に撒《ま》き散らしてしまうのです。最悪の場合、それは自分の体を病気やケガという形で蝕《むしば》んでさえいきます。もし、最近あなたが、

・他人に優しくなれない。
・ちょっとしたことでイライラしてしまう。
・自分とは関係ないことでも非常に強い怒りを感じる。
・誰かに怒りを感じると、次から次へとほかの怒りが連鎖する。

という傾向があるなら、**心の奥に怒りが溜まってきている証拠**です。怒りの爆発的なエネルギーはとても破壊的です。溜め込むと、同じ波動のエネルギーを引き寄せてしまいますから、どんどん運が悪くなります。怒りを溜め込まないためには**自分の怒りに気づき、こまめに発散すること**です。いくつか方法がありますので、ピッタリくるものを選んでやってみてください。

WORK 8

怒りをクールダウンする4種のワーク

「怒っている」と気づいたら、すぐ発散してしまいましょう。

怒りを書き出す

まずは自分が誰に、何に怒っているのか、紙に書き出してみましょう。

エアーパンチをする

時には怒りが頂点に達して、「殴ってやりたい」と思うような場合もあるでしょう。その場合は、空中でエアーパンチをしてみましょう。気がすむまで、思い切り殴って、蹴って、スッキリしましょう。形あるものを殴りたいときは、枕などを利用してもいいと思います。

●ゆっくり休む

疲れていると、誰でも怒りっぽくなってしまいます。十分な休息を取って、気持ちを穏やかにしましょう。

●チャクラに溜まった怒りは、声と一緒に排出を

チャクラとは、全身をめぐる気（エネルギー）がうず潮のようになってグルグル回っているエネルギースポットのこと。全身に大きく7つあり、それぞれ担当の部位があると言われ、チャクラが弱っていると司る部位が不調になりがちと言われます。

怒りのエネルギーはお腹、特に第一、第二、第三チャクラの付近に溜まります。「はらわたが煮えくり返る」という表現があるように、まさにお腹のあたりに怒りがあるのです。
お腹に溜まった怒りは、声を出すことで吐き出していくとラクになります。

①両足を肩幅に開いて立ちます。

②お腹に両手を当てて、そこに怒りのエネルギーが溜まっているとイメージします。

③お腹の底まで思い切り息を吸い込みます。

④大きな声を出しながら、お腹に溜まった怒りのエネルギーを吐き出しましょう。声は「あー」でもいいですし、何かピンとくる言葉を発しても構いません。「バカヤロー」などの汚い言葉も、このときだけはＯＫです。心の中に溜まっているくらいなら、一度出したほうがましだからです。

ただし言葉は言霊《ことだま》ですから、いつまでもしつこく言い続けるのではなく、このときに思い切り吐き出したら、それで終わりにしてくださいね。

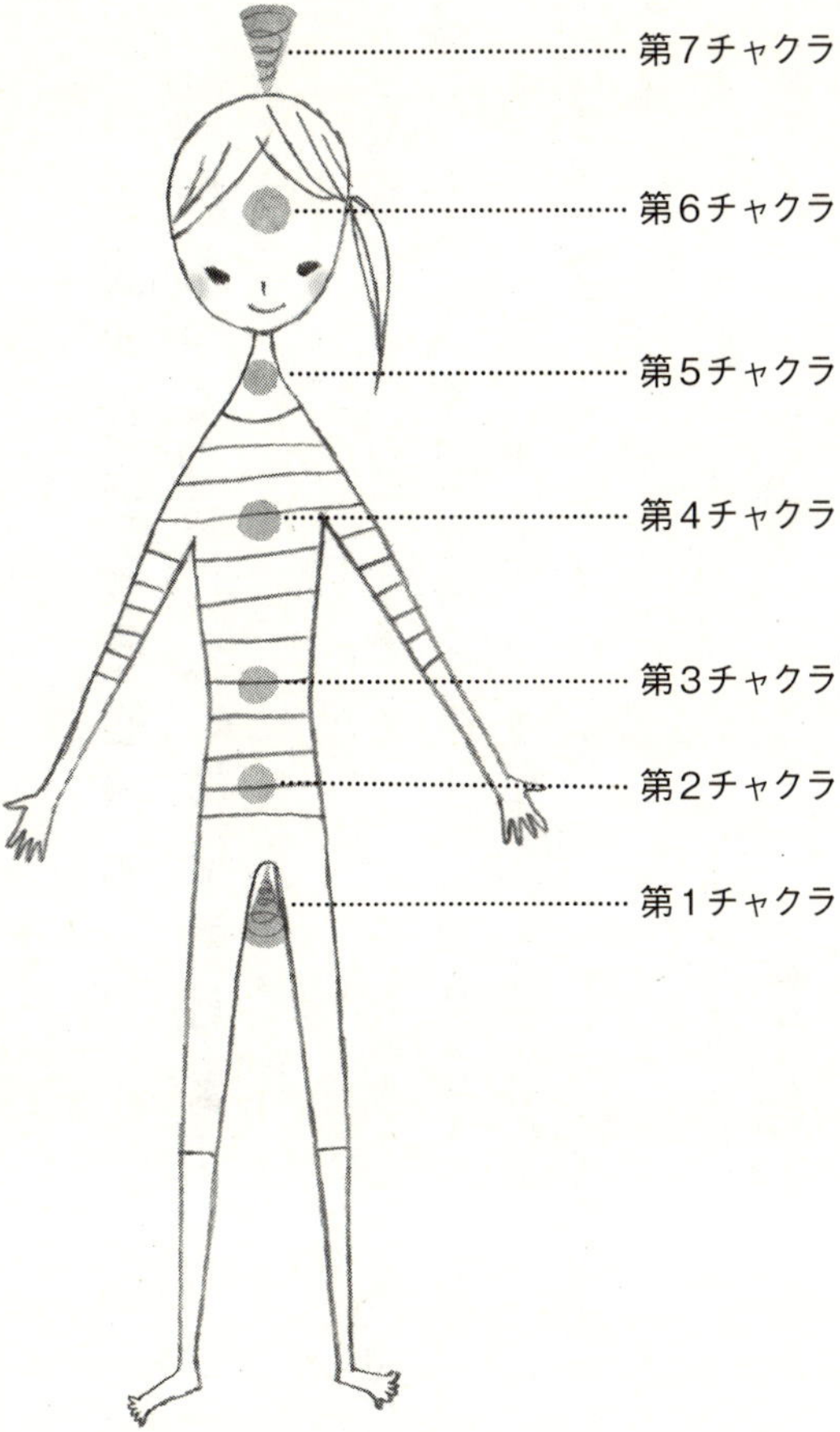
第7チャクラ
第6チャクラ
第5チャクラ
第4チャクラ
第3チャクラ
第2チャクラ
第1チャクラ

現実から目をそむけると、かえって「悲しみ」は倍増します

悲しい気持ちを味わうのは、とてもつらいことです。だから、誰もが悲しみを体験したくない、悲しみから逃げたいと思っているのではないでしょうか。

でも、悲しみもエネルギーですから、手放すために絶対に必要なのは、じつは**十分に悲しむこと**なのです。十分に悲しんで出してしまえば、心は必ず癒えていきます。

また、悲しみは不幸なイメージとつながりがちなので、悲しみをそのままにしていると、不幸なことを引き寄せてしまいます。もし悲しみが残っているようであれば、悲しみを手放すワークを行い、スッキリと浄化していきましょう。

WORK 9

泣いても泣いても癒えない悲しみを吐き出す「ハートの呼吸」

悲しみという感情を解放するのに、**泣く以上の方法はありません。**涙と一緒にエネルギーが解放されていくので、泣き切れれば、悲しみも癒えてきます。

何日かかっても構いませんから、ただ泣いてみましょう。

なお、悲しみが溜まりすぎると、心が自分を守ろうとして感覚が鈍り、涙さえ出なくなる場合があります。こういうときは、お涙ものの映画を見るのもいいですね。映画のストーリーにいつしか自分の体験が重なり、触発されて涙が出てきます。

泣くと胸の辺りが痛くなりますよね。これは、**感情を司るハート（胸）のチャ**

クラが悲しみのエネルギーを放出しているからです。痛みがつらくて泣くのを我慢してしまうと、いつまでも悲しみが溜まったままになってしまいます。そして、痛みを感じないようチャクラの動きも弱まり、いつしか感情もなくなってきてしまうのです。どんなに痛くても、必ず過ぎ去りますから、**悲しいときは思い切り泣きましょう。**涙が枯れる頃、ハートの痛みもなくなっているはずです。

それでも悲しみが癒えないなら、呼吸で吐き出しましょう。具体的な悲しみがあるときは、特に効果的。ポイントは、ハート付近から吐き出すイメージをすることです。

①両足を肩幅に開いて立ちます。
②ハートに両手を当てて、悲しみのエネルギーが溜まっているとイメージします。
③肺を膨らませて思い切り息を吸い込みます。
④ハートに溜まった悲しみのエネルギーを、吐く息と共にハァーッと吐き出しま

す。

⑤スッキリ感が出るまで、④を何度でも繰り返します。

なお、悲しみを手放すには**どうしてもある程度の時間がかかります。**無理に今すぐ抜けようとしても、なかなか難しいのです。時期が来れば必ず抜けることができますから、悲しむときは十分に時間をかけて、徹底的に悲しみ抜きましょう。

第2章

「心のクセ」に
気づくだけで、
人生は驚くほど
変わります

ネガティブなイメージが、あなたをあやつることがあります

第1章では、潜在意識に溜まっているネガティブな思い、感情を手放すことについてご紹介しました。本章では、「いい子でいたい」「いつも損な役回り」というような、**自分では気づかないうちにつくり上げていたネガティブなセルフイメージ**に気づき、手放していく方法をご紹介したいと思います。

自覚していないセルフイメージは、いつの間にか自分をあやつり、本来の願いと違う方向に向かわせてしまいがちです。でも、どんなネガティブなイメージでも、それに**気づきさえすれば、本来の方向へとシフトチェンジすることができる**のです。

どんどん手放して、自由に、身軽になっていきましょう。

魂の声を聞いて、「素」の自分を取り戻しましょう

親子として生まれる背景には、さまざまな学び、カルマがあります。そのため、愛を得ようと「幼い頃から一生懸命、親に好かれるいい子を演じていた」という方はたくさんいます。そして、**親の期待する「いい子」のイメージに無理に合わせようとして、本当の自分を見失い、大人になって自分が何をしたいのかわからなくなっている方**にも、今までたくさんお会いしてきました。

あなたは、いい子でいようと頑張っていませんか？

優等生を「演じて」いませんか？

もしそうなら、幸運をつかむのはなかなか難しいかもしれません。なぜならそれは自分本来の姿ではないからです。**いい子を演じている状態は、本来の魂の声を無視している状態**なのです。

親に言われた通りに、「そういうものだから」と生きていると、それが当たり前になって、つらいと感じていない場合もあります。でも、そういう方は自分が楽しいと感じることをした経験が少なく、自分が何を好きで、何を楽しいと思うのかがわかっていない場合も多いのです。すると毎日が楽しくないので、人生をつまらないと感じたり、生きる意欲がなくなったりします。

また、人間は完璧ではありませんから、誰でも心の中に未熟な至らない部分を抱えているものです。でも、いい子を演じるために自分の中の未熟な部分を見ないようにしていたり、無理な背伸びをしたりしていると、**他人の未熟さを許せなくなります。**強い感情を持って相手の未熟さを非難する人は、実は**自分の中にある未熟さを相手に投影している**からなのです。そういう方は、何事においても他人に非常に厳しいジャッジを下す人になる傾向があります。

WORK 10

満たされなかった気持ちに気づく「自分発見法」

本来の自分を押し殺して、一生懸命、親の愛を得るために頑張っていた小さな自分（インナーチャイルド）を癒していくと、「いい子という殻」を手放せるようになっていきます。次の中から好きなものをやってみてください。

●子供の頃の想いを実現する

子供の頃やりたくてもできなかった遊びをやってみたり、行けなかったところに行ってみたりしましょう。また、言いたくても言えなかったことを言ってみましょう（悪い言葉でも構いません）。

●自分の感情を認めて手放す

いい子でいないと認めてもらえなかった、愛してもらえなかった……という悲しい気持ちを、いったん認めてみましょう。悲しくなったら気がすむまで泣きましょう。

そして自分自身で認めて、慈しんであげましょう。

●ダークな自分を認める

実は意地悪だったり、怠け者だったり、面倒くさがり屋だったりする自分を、隠さず見つめましょう。そしてそのまま、よしとして認めましょう。

人に対して迷惑をかけるとまた別次元での問題になりますが、そういう性質が自分の中にあること自体には、全く問題はありません。

●インナーチャイルドを癒す「ぬいぐるみのワーク」

肩の力を抜いて、ふぅ～っと息を吐き出し、リラックスしてから次のようなワークをやってみましょう。あなたの心の中にある、インナーチャイルドを癒してくれます。

① 心から可愛いな～と感じる、気に入ったぬいぐるみや人形などを用意して、名前をつけます。名前は自分の小さい頃の愛称などがいいでしょう。愛着が湧くぬいぐるみには、自分のインナーチャイルドを投影しやすいのです。
② そのぬいぐるみをギュッと抱きしめたり、なでたりしましょう。
③ 次に、優しく話しかけてあげましょう。たとえば、「無理しなくていいんだよ」「今まで頑張ったね」「自分の本当の気持ちを出していいんだよ」など。
④ 湧いてくる感情を感じてみましょう。泣きたくなったら泣きましょう。
⑤ ぬいぐるみと一体感が出て、ほっと優しい気持ちになったら、終了します。
⑥ 自分自身が癒されたと感じるまで、何日でも続けましょう。

楽しい思い出でも、「過去への執着」はやっぱりマイナス

過去は、すでに終わっています。ですが、「そんなの当たり前だよ～」と頭で理解できても、私たちはどうしても過去に引きずられてしまうことがあります。

たとえば、失敗した経験を思い出して、次もそうなるのかなと不安になったりしたことはありませんか？　どうせ私は……と落ち込んだり、イヤな記憶を思い出して一日中イヤな気持ちで過ごしてしまったり。

これは、**過去に引きずられている証拠**です。こういう状態が続くと、過去を切り離すことはなかなか難しくなります。過去の記憶には、かなりのパワーがあるのです。

また、たとえ楽しい記憶だとしても、それにしがみついてずっと考え続けていたら、現実を生きることはできません。過去のエネルギーで自分がいっぱいになってしまい、未来の幸運な出来事が入ってくる余地がなくなってしまいます。

いい思い出であれば、ときどき思い出して楽しむ分には問題はありません。でも、もし過去のことばかり思い出してしまうようなら、過去を手放して、**今に生きるように心がける**必要があります。思い出すのがイヤな記憶ばっかりだったら、なおのことです。

ただ、**もし過去のことを思い出しても、「また思い出しちゃった……」と自分を責めないでくださいね。**思考（脳）は空っぽになるのを嫌います。ですから、誰でも多かれ少なかれ、過去について思い出して考えてしまうものなのです。

大切なのは、**それに気づいたとき、いかに早くさっと切り替えられるか**どうかです。ここでは、イメージワークを使った方法を身に付けていきましょう。

WORK 11

「脳内時間旅行」で過去のイヤな思い出とサヨナラ

可能なら自分の部屋などの空間を利用しましょう。実際に歩いてみると思いがけないイメージが浮かび、より効果が出ると言われています。

① 今ここにいる自分を意識する

ここにいる自分＝「今」を通って、1本の線が後ろから前に向かって通っているとイメージします。これは、あなたのタイムライン(時間軸)です。

② 感覚で変化を起こす

・過去の方向を見てみましょう。そこは、今あなたがいるところと比べて明るいですか？　暗いですか？　同じくらいの明るさでしょうか？

未来
現在
過去

・もし暗いと感じたら、どんどん明るくして光を感じるようにしましょう。過去が明るく変化したのを見て、どんな感じがしますか?

・終えたら、今と同じくらいの明るさに戻します。ワークを終えたのち、過去の出来事を思い出してみましょう。何か今までと感じ方の変化はありますか?

③ イメージを書き換える

・いつも思い出して悩む過去の時点がどこか、まずは感じてみましょう。

・感じたら、その出来事が起きた直前のところまで、タイムライン上を戻ってみましょう。まだ悩みの原因が起きていないときの感覚を思い出してみましょう。

・その出来事が起きたときに行きましょう。タイムライン上から一歩、外に出て、傍観者になります。傍観者として観察すると、どんなふうに感じ、解釈できますか? さらに、その出来事から得られるよい意味を見つけてみましょう。

・いい意味を見つけた自分となって、またタイムライン上に戻ります。そしてそこでよい意味をじっくりと味わい、感じましょう。

・タイムラインにいい意味をしっかりつけられたら、「今」の場所まで戻ります。

自分で思う「私らしさ」は、案外勘違いしているものです

今度は**「過去の記憶からつくられたストーリー」を手放す**ことについてお伝えしたいと思います。

私たちの思考は、過去の記憶に基づいています。今、頭に思い浮かぶことは、実体験だけでなく、本で読んだり聞いたりした知識や、さらには意識のうえで覚えていないようなことも含めた、膨大な量の過去の記憶に基づいているのです。

ただし、過去の記憶とそこからつくられたストーリーは、非常に深い関係がありますが、決してイコールではありません。**ストーリーには、自分の解釈と、そこから膨らませたイメージが多く含まれているから**です。

あなたは、算数は得意でしたか？　国語はどうでしょうか？　クラブは運動系？　それとも文化系でしたか？　どんなあだ名がついていましたか？　友達とはどんなことをしていましたか？　そして、そんな過去の記憶の中から、あなたは自分にどんなストーリーをつくって当てはめていますか？

・自分に自信がある。テストではいつも上位の成績で、学校の人気者だった。
・くじ運がよくて、いつも友達が周りにいて、楽しく過ごした。
・手先が器用で、何をやっても上手にできた。

みたいな、ポジティブなストーリーでしょうか？　それとも、

・要領が悪くて、いつも貧乏くじばかり引いていた。
・成績優秀なお姉ちゃんと比べられて、怒られてばかりだった。
・学校ではいつも脇役。会社に入ってからも損な役回りばかり。

みたいな、ネガティブなストーリーでしょうか。

今、頭に思い浮かんだことは、あなたの潜在意識に刻まれているあなたのストーリーです。あなたは**知らないうちにそのストーリーを前提として、自分を定義し、行動を決めている**のです。「私は皆に頼られる素晴らしい存在」というストーリーがあれば、誰かから相談を受ければ親身になって聞き、多少無理をしても世話をしてしまうでしょう。反対に、「私は人づきあいが苦手」というストーリーなら、飲み会などのお誘いも断りがちになり、人間関係からつながるチャンスを逃しているのかもしれません。

でも、**未来は今から始まります。過去は一切関係なく、どういうストーリーをつくるのも自由です。**過去に基づくストーリーは、自覚してどんどん書き換えていきましょう。そうしないと、いつまでも同じパターンの出来事ばかり引き寄せてしまいます。未来を変えたいのなら、過去のストーリーは全部手放していきましょう。**すべて手放したとき、本当に「なりたい私」が見えてきます。**

私は子供の頃よく病気になり、幼稚園時代には熱を出して寝込んだだけでなく、長期で入院したことまであります。ですから、「私は体が弱い」というストーリーを、私自身も、私の家族も持っていました。少しでも風邪をひくと「もうダメ」と気持ちが弱くなり、何日も学校を休んでしまいました。雰囲気もひ弱で、いつもうつむき加減で引っ込み思案の、元気のない地味な子供だったのです。

ところが、成人して働き出したところ、突然そのストーリーは変わりました。バブル時代真っ盛りだった当時は、毎日アフターファイブに楽しい遊びのお誘いがたくさんあったからです。多少体調が悪くても、仕事や遊びでどんなにハードな日々が続いても、アフターファイブを励みに、毎日元気に会社に行っていました。子供時代がうそのように、「体が弱い私」はどこかに消えてしまったというわけです。そして、「タフで元気でパワフルな私」という、新しいストーリーができたのです。

実際の体質は相変わらずで、時には電車で貧血を起こし倒れたこともありましたが、気持ちは書き換わっていましたから、新しいストーリーに基づいた人生の展開がどんどん来るようになりました。それにあわせて、運まで変わったわけです。

WORK 12

「かわいそうな私」に決別宣言するワーク

過去のストーリーは、私の例のように、モチベーションによって自然と書き換わることもあります。でも、なかなか書き換えられないものもあるでしょう。そんな場合は、**「あえて過去のストーリーに浸る」ワーク**をしてみることで、手放すきっかけとなるかもしれません。

①過去のストーリーで特に気になるネガティブなものを思い浮かべます。たとえば、「私はいつも運が悪い」「私はおっちょこちょい」「まじめで要領が悪い」など。

②次に、そのストーリーに浸ってみましょう。たとえば、運の悪さを徹底的に味わってみたり、おっちょこちょいで怒られていることを想像してみたりするなど、遠慮なくたっぷり浸りましょう。

③その感覚に浸っていると、「運が悪くてかわいそうな自分」という過去のストーリーに酔った自分の姿が浮き出てくるかもしれません。また、「病気なので家族に大事に扱ってもらえる」というようなメリットに気づくかもしれません。

そういう感覚を発見できたら、素晴らしい進歩です！　なぜなら、**無意識にそういう自己憐憫《れんびん》がある限り、その不運な状態がずっと続く**はずだからです。

メリットを発見できたことは、自己憐憫から抜け出せたことにほかなりません。

気づいたことで、ストーリーを書き換えることが可能になったのです。

④気づいたついでに、そのストーリーを捨ててしまいましょう。イメージの中で、ストーリーを一冊の本にして、ポーンと投げ捨てたり、火で燃やしたりしてみましょう。

「どうして私だけが…」と思ったときが、変われるチャンス

人生がうまくいかないと、つい被害者意識が出てくることがあります。「どうして私だけこうなんだろう」「こんなに頑張っているのに」……そんな気持ちが強くあるとしたら、不幸なことにフォーカス（焦点）が向いている証拠です。

被害者意識が強くなると、不幸な思いで頭の中がいっぱいになってしまい、自分が手にしている幸せになかなか気づけません。その感覚はさらに強くなり、どんどん不幸のスパイラルが続きます。抜け出したいと思っても、目の前のイヤな現実を見てしまうと、なかなか気持ちはふっきれないですよね。そんなとき、効果的なのが**手にしている幸せを数える「感謝のワーク」**です。

WORK 13

世界が違って見えてくる「感謝のワーク」

毎晩寝る前に**その日にあったいいこと、感謝できることを思い出し、5つ書き出します。**「天気が爽やかで気持ちよかった」「今日も一日元気でいられた」「おいしい晩ご飯が食べられた」「友達と電話して楽しかった」「週末のお誘いがあってワクワクしている」などなんでもOK。シンプルなワークですが、本当にとても効果があります。自分の心の中の変化だけでなく、実際に運もよくなるのです。

何かすごい感謝を書く必要はありません。ちょっとしたことで構わないのです。**出来事のいい面にフォーカスしていく練習**だと思ってやってみましょう。

小さな幸せを受け取れなければ、大きな幸せは受け取れません。たとえどんなに小さくても、手にしている幸せに感謝できるようになると、そこから幸運のスパイラルに乗ることができるようになります。

もし「そんな小さなことは幸せとはいえない」と感じるようなら、その思考こそ変えるべきものです。**幸せに大小はありません。**出来事の大小ではなく、心で受け取ったときの気持ちよさが幸せの判断基準です。

でも、幸せを感じられていない自分に気づけただけでも、大きな進歩。そこに気づければ、必ず変わることができます。


私のサロンでは、新月から満月までの16日間連続で「スピリチュアル・ワーク・セッション」を行っています。そこで実際に感謝のワークを行ってみた3名の方の感想メールをご紹介します。毎日感謝を見つけていくことで、つい不幸なことにフォーカスしてしまう被害者意識的な感覚から、自分の人生と向き合い、幸せを見つけていく方向へ素晴らしい変化をされました。

Jさん（30代会社員・女性）

〈5つの感謝〉

＊会社に出入りしているお弁当屋さんのおばちゃんが、私はお弁当を買っていないのに、笑顔であいさつしてくれました。おばちゃん、ありがとうね！　今度お弁当を買うときは、おばちゃんから買うからね！

＊子供のポリオの予防接種のため、会社に休みを申請したところ、みんな笑顔でOKを出してくれました！　みんな、ありがとうね!!

＊今日も仕事の引き継ぎを受けたのですが、私の素朴な疑問にもていねいに答えてもらえました。同僚よ、いつもありがとうね!!

＊会社から帰ってくると、子供がいつもの笑顔を見せてくれたので、ほっとしました。じいちゃん、ばあちゃん、子守り、大変だったよね!!　本当にありがとう!!

＊ヤフーオークションに出品したDVDが、自分の言い値で落札されました。落札者さま、本当にありがとうございます!!

〈16日間の気持ちの変化〉

以前はこういう日常って当たり前と思い、感謝したことがなかったのですが、今は、穏やかな日々を送れること自体が素敵なことなんだなぁ……と思えるようになりました。感謝する感度を上げると、ホントいっぱい感謝することってありますよね♪

以前の私は「いつか、どこかに幸せがある」と考え、一生懸命幸せ探しをしていました。でも探せば探すほど「欠乏感」ばかり感じ、「幸せ」を感じることができませんでした。でも今は違いますよ!!

運命を受け入れ、「今、ここにいる自分」が持っている幸せに感謝できたとき、自分は本当に幸せになりました。

そして自分が幸せになると、他人も幸せになってほしいと自然に思えるようになりました。幸せって、難しいことではなくて本当にシンプルなことなんですね。

「今日、感謝したことを書く」ことは、非常に効果的な方法だったと思います。

Mさん（40代主婦・女性）

〈5つの感謝〉

＊雨風をしのげる家があること。
＊ジャムがつくれるような木の実がなる庭があること。
＊設計士さんや庭師さんにお世話になれるだけのお金があったこと。
＊重病を抱えているわけではないこと。
＊読みたい本が買えること。

〈16日間の気持ちの変化〉

自分の課題のひとつが「人の至らなさも自分の至らなさも共に認め、許すこと」なのではないかと気づきました。
日々イヤなことはあるのですが、だんだん「もう悩んだり、ネガティブな毎日は楽しみ飽きた。そろそろポジティブな日々に変えていこうかしら」という気もしてきました。「そろそろ人生をどう舵《かじ》取りするのか、プランニングに入ろうかしら……」などと書いている自分にビックリです！　つまるところ、「自分の人生は自分がつくっている」を少しずつ実感しやすくなっているのかもしれません。

Kさん（30代会社員・女性）

〈5つの感謝〉

＊天気がよかった。
＊自転車に乗ったら風が気持ちよかった。
＊めっちゃゴロゴロ、だらだらできた。
＊栗ご飯がおいしかった。
＊もうすぐ家族で温泉に行くので、その話をすると父と母が楽しそうだった。

〈16日間の気持ちの変化〉

振り返ってみると、いかに自分が過去の出来事ばかり気にして、今ここに生きていることを大切にできていなかったかビックリでした。現実に向き合わないで、思い込みで何とかしようと頑張ってた自分を、もう解放してあげようと思います。

「許すこと」＝「相手に負けること」ではありません

「許す」というのは**最強の手放し**です。そして**行うのがいちばん難しい、愛の行為**でもあります。

許しが必要な状況はすべてに及びます。自分に関係ある場合でも、他人事の場合でも、自分が不快なイヤな気持ちになることは、すべて「許し」の対象となります。

たとえば、テレビのニュースを見れば、悲惨な事件が後を絶たず、報道を聞いて「ひどい！　こんなこと許せない！」と思う事件もたくさんありますよね。自分と直接関係ない場合、「許せない」とは思っても、すぐに忘れてしまいます。

でも**放っておくと、許せないエネルギーとして自分の中に溜まってしまう**のです。

また、日常のちょっとした場面で、相手の失礼な態度にムカつくこと、イライラすることが誰でもあるのではないでしょうか。通常だと、イラッとしてもたいしたことじゃないからいつの間にか忘れてしまうのが、一般的なパターンだと思います。

ところが、忘れてしまうほど小さなムカつき、イライラも、実は、そのまま潜在意識の中に溜まってしまっているのです。そして、**長年の蓄積でかなりの量になり、知らないうちに「今日は不機嫌」というような形で噴出**してきます。最近なんとなく不機嫌だったり、不調だったりするとしたら、長年溜め込んだイライラのせいかもしれません。

日々の小さなムカつくような出来事を、その都度、積極的に許して手放していく習慣ができると、心が奥のほうから浄化されて軽くなっていきます。たとえ一見小さなことでも**「許す」ということを選択するのとしないのでは、雲泥の差があるの**です。

私のサロンで行っている個人セッションでは、たくさんの「許せない」悩みをお聞きします。いちばん多いのは嫁・姑の間の心ない言葉や仕打ちです。また、友達から裏切られた、恋人や夫が浮気をしたなど、どう考えても相手に非がある許せない状況で深く傷つき、許せない気持ちになっている方もたくさんいらっしゃいます。

ご相談を受けた中には、**心の問題というよりは、具体的に問題解決をする必要があるケース**も多くありました。でもなぜか「全面対決」を避けたいゆえに、自分一人でつらい気持ちを抱えている方も非常に多いのです。事を荒立てたくない、丸く収めたいという日本人気質のせいかもしれません。

でも、**自分が本当に傷ついた場合は、現実的に相手と対決し、解決に向けて力を注ぐ**必要があります。対決の過程で納得して気がすんで、相手を許せる場合もあるはずだからです。そこで逃げていると、許せない気持ちがどんどん溜まっていきます。

ただし、相手がすでに亡くなっていたり、社会的な事情からどうしても対決できない場合や、また実際に対決したとしても折り合いがつかず、悔しい気持ちを自分の心の中で収めるしかない場合も、やはりあるでしょう。その場合は、**相手と同じレベルに落ちず、高い視点から考えて相手を許すように自分を持っていく**しかありません。

許すのはとても難しいに違いないでしょう。でもこれは、**「許さないとならない学びの試練」**なのです。なぜなら、許さないことで悔しい思いをいつまでも胸に抱え、そのネガティブな想いによってダメージを受けるのは自分だからです。

●許す心は、どんな関係性にも奇跡を起こします

私がご相談を受けた中でも、特に印象に残っているCさん（30代・女性）の例をご紹介します。Cさんは会社の同僚から嫌がらせを受け、さらに姑からもいじめられたという体験をされていましたが、許すことで劇的な変化をされたのです。

最初にCさんとお話をしたとき、Cさんの中には長年いじめを仕掛けてきた同

僚への憤りや恨み、怒りといった感情がたくさん溜まっていらっしゃいました。そして、そのネガティブな感情エネルギーが、さらに相手と共鳴して、相手からの嫌がらせを引き寄せているという悪循環をつくっていました。

セッションで、私は「長い年月嫌がらせを受けていたのですから、すぐに相手を許すことは難しいかもしれません。でも最終的には許すことが必要です。そのためにも、今はまず相手を意識からできるだけ外すことを考えてください」と伝えました。

そして、イヤな気持ちが湧いてきたら、まずは自分を光で満たすイメージで浄化し、さらにはその光を相手にも送るイメージをしてくださいとお願いしました。ともかく少しでも手放すことが必要だと思ったからです。

するとCさんから後日、このようなお便りが届きました。

（前略）
同僚には取り巻きのような人たちがいて、以前は彼女が私を中傷すると、彼らも彼女に同調して、一緒になってあーだこーだ言い始める、というふうだったのが、今は、彼女が聞こえよがしに「あの人は……」とかなんとか言っても、取り巻きの人たちが、何にも反応しなくなっているのに気がつきました。それぞれが、淡々と自分のことをしているような感じになっています。静かで快適です。

もうひとつ、今まで関係があまりよくなかった、義母との関係もよくなりました。昨日は一緒に食事をしましたが、まさに「憑《つ》き物が落ちた」という言葉がぴったりで、生き生きとした優しいおばあちゃんになっていました。（筆者注：同居していた時期は、お義母さまが次々と仕掛けてくる意地悪や暴言に、いつも苦しんでおられました。ご主人さまと離婚するかどうか、というところまで話が進んだこともあります）

普段決して人に謝ることをしなかった義母が、これまでのことを謝ってきたのには驚きました。抱き合って、お互い「大好きよ！」と言って仲直り。これは私も嬉しかったです。

これとは別の、私が20歳前後に会社員をしていた頃のお話です。私はそのときの上司、M課長がとても苦手でした。M課長は非常に頭がいい人で、言っていることは正論だし、仕事も速いし確実で、たくさんのことを教えてくれました。

ただ問題は、自信満々で余計な干渉が多いということ。仕事のやり方だけでなく、日常の本当に細かいところまで「ああしろ」「こうしろ」「あれはダメ」「なんでこうしないんだ」と、いちいち指示を出してくるのです。

今思えば、まだ若かった私を見て、自分が教えなくてはと張り切っていたのでしょう。また私の仕事ぶりがまだ心もとなかったせいもあったのだと思います。

でも当時、**若者だった私には、余計なひと言が多いおじさんにしか思えず、どうしても許せませんでした。**気づいたときには、絶対に許せない大嫌いな上司となっていました。そして、どうしてもM課長と一緒にいたくないと、一度は辞表を出したくらいなのです(これは分別ある部長さんのとりなしで無事収まり、そのときは会社を辞めませんでした)。

ちょうどその頃、私はスピリチュアルな学びに目覚め、思考が人生を創造していく仕組みや、潜在意識の使い方などを学び始めていました。マザーテレサや聖書の教えに触れる機会があり、「何度でも許しなさい」「敵を愛しなさい」という教えが心に響きました。

でも、当時の私には、許しや愛という概念や理屈はわかっても心がついていかず、「あんなにうるさいM課長を、愛せるわけない！」と思っていました。それでも瞑想やお祈りの日々を過ごすうちに、自分の中で変化が起きてきました。**M課長も課長なりに一生懸命頑張っている様子が、わかるようになってきた**のです。

ある日の仕事中のこと。M課長がふと目に入った私は、今までのような嫌悪感が全くなくなっているのに気づきました。それどころか、私はこう思ったのです。

「M課長は、面倒くさい部分もあるけれど、人間的に悪い人じゃないよね。何だかM課長のことを許せそうな気がする……」

それは、本当に不思議な感覚でした。**私は、今まで言われた嫌みや過度の干渉も、すべて許せる気持ちになった**のです。すると、なんとその数日後、M課長に突然の辞令がおりて地方に転勤することになったのです。あまりに急な展開に私はビックリしました。きっとM課長を心から許し、愛せる気持ちになったので、M課長の転勤という形でこの学びを卒業することになったのでしょう。

「許す」というと、相手をよしと認めるようで悔しいという方もいます。自分が負けた気持ちになるという方もいます。でも、許すということは、相手を正しいと認めることではありません。相手に負けることでもありません。そうではなくて、**自分の中から相手を解放して、自分が自由になっていくこと**なのです。

また、**許すということは、忘れるということ**です。許せないといつまでもその悔しい気持ちを自分で抱え苦しみ続けることになります。許して忘れることができると、解放されて自由になれます。そして**自分の中からネガティブな想いが消えているので、その分、いいことをどんどん受け入れられる**ようになります。

ともかく、対象はなんであれ、すべて許すと決めましょう。許しましょう。そのご褒美は限りなく素晴らしいものなのです。

WORK 14

「許せないほどの激しい怒り」も手放せる5つの習慣

自分の中にネガティブな想いを溜めないようにするためにも、すぐに許すことを習慣づけていきましょう。

魔法の言葉「許します」

普段から「許します」を口癖にしましょう。言葉は言霊《ことだま》です。言い続けるとそれが潜在意識の中に刻み込まれて、より簡単に許せるようになっていきます。

イラッとすることが起きたら、すかさず「許します」と唱えましょう。他人に対しても、自分に対してもです（自分も許してくださいね）。

●**許しのプチ儀式**

この儀式の前には、ともかく「許そう」と決めてください。「許さない」と無意識レベルで思っていたら、どんなワークをしても絶対に許せるようにはなりません。たとえ許したくないとしても、「許そう」と決めること。ここがスタートラインになります。気持ちが整ったら、一人静かに、許しの儀式を行いましょう。

①自分が誰か（何か）に対して抱えているネガティブな想いを、正直に全部紙に書き出します。

②気持ちを整えて、椅子にちゃんと座り、背筋も伸ばし、肩の力を抜きます。

③①に書いたことを読み上げます。次に、**「私は○○さんを許します。○○さんを憎む気持ちを手放します。今までありがとう。さようなら」**と宣言します。

④思い切り息を吸い込み、①の紙にかけるようにハァーッと吐きだします。

⑤①の紙を細かく破るか、燃やして捨てます。

「今までありがとう」は、相手に対して言っているのではなく、**手放そうとしている「許せないという気持ち」に対して言っています。**なぜなら、たとえどんなネガティブな想いでも、それは今までの自分を守ろうという、ポジティブな意図から出てきた想いだからです。自分を傷つけないため、自分を幸せにするために、自分のエゴが一生懸命自分を守ろうとした形というわけです。

ネガティブな想いの根本にあるポジティブな意図を、そのまま受け止めてあげて、そのレベルから卒業していくために、「今までありがとう」と言ってあげます。

もし日常生活で相手のことが思い出され、頭の中でグルグルし始めたら、すぐに許しの魔法の言葉を唱えてください。「許します」。これに勝る言葉はありません。ともかく許す、と決めてくださいね。その決意がいちばんのポイントです。

それでも許せないときは、次のように考えてください。

●許せない自分を認める

心の傷が深ければ深いほど、許すまでに時間がかかります。すぐに許せないからといって、それがダメなわけではありません。今はまず、そんな自分を許しましょう。相手を許せない、完璧でない自分を許しましょう。

●「今は許せない」と限定して考える

今、許せなくも、未来永劫《えいごう》に絶対許せないかどうかはわかりません。何か奇跡が起きて許せる気持ちになるかもしれません。未来は未来にまかせましょう。

●パワーを蓄える

許すにもパワーが必要です。自分に十分なパワーがないと、相手を許すことは難しくなります。まずは自分を許し、許せないと感じる問題から離れて、しばらく放っておきましょう。自分を大切にして、慈しみ、パワーチャージしましょう。

そのうち、向き合わなければならない時期がまた必ずやってきます。許すことは今世でクリアすべき大きな学びのひとつに違いないからです。時が来れば、必ず許せます。その日まで自分を愛し大切にして、パワーを蓄えておきましょう。

Column

アフリカで学んだこと

今を生きられる人から幸せになる

私は仕事の都合で33歳のときから1年間、西アフリカのマリ共和国に住んでいました。さらに36歳からの1年間はマリのお隣のセネガル共和国にも住んでいました。それ以外にも短期の出張などでアフリカ数カ国に滞在するなど、アフリカとは何かと縁があります。

マリにいたときは、電気も水道も医者もない村に滞在していました。雨がなかなか降らず、砂漠化が進む農村部での生活は、日本では想像もできないほど厳しいものでした。

私は外国人ということで、現地スタッフが世話をしてくれましたので、生活はそれほど大変ではありませんでした。でも現地の人たちは、飲料水を得るためには共同の井戸へ行って、何リットルもの水を汲んでこなくてはなりません。料理をするための薪も、遠くまで歩いて行き拾ってこなくてはなりません。洗濯も家族全員分を、全部手で洗わなくてはなりません。嵐が来れば、ただ通り過ぎるのをじっと待つしかありません。

そこに住む人たちは一人では生きることはできず、人間関係を上手にやりくりしながら、助け合って生きていくしかないのです。

村には医者もいませんから、病気になったら自然治癒力にまかせるしかありません。薬は買えないことはありませんが、現金があまりない生活なので、よほどのことがない限り買うことはありません。そのため、ちょっとした感染症などで死んでいく人もたくさんいるのです。

私も最初の7カ月間で、5回マラリアにかかりました。熱帯熱マラリアという、放っておくと死んでしまうタイプのマラリアでした。幸い私は病院のある都市部に行き、医者に診てもらい治すことができました。高熱と頭痛にうなされながらも点滴を受け、治療を受けることができたというのは、現地のレベルから見れば、本当に幸せな環境なのです。
現地の子供たちはマラリアや下痢などの病気で、5歳までに20%が死んでいきます。死といつも隣り合わせの生活なのです。子供が死ぬと家族は泣いて悲しみますが、「セ・ラ・ヴィ(それが人生)」と、それさえも淡々と受け流していきます。死は生活の一部であり、決して遠い存在ではありません。泣いても仕方ないことを、みんな骨身に染みてわかっているのです。

また、恐らく日本人がいちばん驚くのは、一夫多妻という制度ではないでしょうか。これは、電気がないとか、水道がないとかいう物理的なレベルとは全く違う、人間関係のあり方の根本となる問題ですので、そのインパクトの強さは半端ではありません。

でも実際問題として、便利な電化製品などが一切なく、すべて人力で家事を行わなくてはならない自給自足の農村部では、主婦が一人ですべての家事を切り盛りするのは不可能とも言えます。妻が多ければ、家事や育児を分担できるので、体もラクだし、自分の時間もつくれるなど、実はかなりのメリットがあるのも事実なのです。

もちろん、妻たちの間ではさまざまな難しい葛藤があるようです。でも、もともとそういう環境で生まれ育っていますから、状況を受け入れる覚悟が決まっていて、決していつまでも悩むことはありません。みんな、自分がやるべきことを淡々と行い、日々を楽しみ、喜びを見つけ、一瞬一瞬を精一杯生きています。

ある晩、私は村で一人空を見上げていました。風がそよそよと吹いて、気持ちのよい夜でした。ロバの鳴き声が聞こえ、虫の声もしていました。

するとある瞬間、急にキーンと空をつんざく機械音がして、飛行機が飛んできました。ヨーロッパからやってきた旅客機が、着陸態勢に入ったようでした。キラキラとライトが点灯した、最先端の飛行機。

そして、その空の下には、おそらく太古からずっと変わらず続いている、のんびりとした農村が、昔と全く同じ様子でそこにありました。

とても不思議な感覚に包まれました。飛行機と村は、全く同じ時間、同じ空間に存在しているはずでした。でも、全く違う世界に属していました。それは、非常に強い印象として私の中に刻まれました。

運命、という言葉が浮かびました。

この村の人たちは、数少ない例外を除いて、ほとんどこの村や周辺で一生を終えていくことでしょう。同じ日常を繰り返し、そこに生きる喜び、楽しみを見つけ、精一杯生きていくのでしょう。

なぜなら、彼らはそれ以外の人生を知らないからです。人間は、自分の知らないことは、望むことさえできないのです。そこに生まれたこと、それは、努力などでは決して乗り越えることができない、絶対的な彼らの運命なのです。

そして、私がそこにそのときいたことも、きっと私の運命だったのでしょう。

確かなことは、今自分がここにいる、ということだけでした。

ここにいる自分、それだけが自分にとっての絶対的な真実でした。よいも悪いもなく、ただそこにいるという圧倒的な存在感でした。

1年の滞在中、私はマリでたくさんのことを学びました。何もわからなかった私を現地の人たちは優しく、時に意地悪に導いてくれました。

恋もしました。友達もできました。病気もしました。人間関係のトラブルで悩んだこともありました。

そんな中、私は確実に強くなりました。今を生きるということ、そして運命を受け入れるということを、体の感覚で深く学びました。

人間の力でできることは、本当に限られています。そこを見極め、できることは最大限の努力をし、それ以上は天に手放すというバランスを学ぶことができたのです。

このバランスが手に入ると、人生に怖いものはなくなります。手放すことができるようになるので、運も格段に好転していきます。

どうにもならないことを、自分のエゴで何とかしようとするから、不幸になるのです。まずはそのエゴを手放して、今という瞬間を受け入れ、淡々と生きること。

今この瞬間だけに集中して、それ以外のいらないものを手放すこと。そうすれば、幸せはおのずと手に入るのです。

第3章

本当に出会うべき相手はむこうからやってきます

[恋愛・結婚運アップ]

恋愛・結婚運は、さまざまな学びのひとつと考えましょう

恋愛・結婚は人生に大きなインパクトを与えます。特に女性にとっては、次の世代を生み育てるという大きな仕事にもつながっています。しかし、**恋愛・結婚は人生の目的ではなく、学びの中のひとつの要素にすぎないのです。**ですから、盲目的に「恋愛・結婚」だけを求めていても、思うようにはいきません。

よい伴侶にめぐり合うかどうかは、やはり縁で決まります。全く縁のない人はいませんが、人生の学びとの関係性で、すぐに出会えることもあれば、なかなか思い通りの相手とめぐり合えないこともあるかもしれません。**運命が与えるカルマの学びに対して自分がどう反応するのか、何を手放していくのか**が、いわゆる恋愛運・結婚運の良し悪しを決める非常に重要なポイントとなってきます。

出会い運は「今世の計画」に左右されます

いつ伴侶とめぐり会えるかは、人生全般に関わる大きな問題のひとつと言えるのではないでしょうか。実は、出会いのタイミングには、**生まれてくる前に設定されている「今世の計画」**が大きく関わっています。

私たちは、この世でさまざまな体験を通して学び、魂を成長させるために生まれてきます。ですから、**今回の人生でどんな体験をして、どんなカルマを解消していくか、そしてどんな学びをするか**という「今世の計画」を持って生まれて来るのです。ただ、その計画はガチガチに固まったものではなく、**今世での学びの進み具合**によって選択の余地が残されています。

仮に、今世のメインの学びを「結婚してからの生活や子育て」の中に設定している場合は、学びの前提として結婚や子供が必須となります。すると、比較的人生の早い時期で、自然と恋愛・結婚・出産に導かれることになります。

一方、設定されていない場合は恋愛・結婚が必須ではなくなりますので、何もしなくても自然な出会いに導かれるという可能性は低くなります。30代後半以降もなかなかピンとくる相手が決まらない……という場合は、もしかしたら今世の学びのテーマが結婚や子育ての中にはないのかもしれません。でも、人生の後半に素晴らしい出会いを設定しているのかもしれませんから、気落ちしたり、あきらめたりする必要は全くありません。

ただ前述のように「今世の計画」にはある程度の幅があり、自ら選ぶ余地があります。**もし「結婚をしたい！」と強く願っているのにいい出会いがないなら、勢いをつけるためにも何かしらの具体的な行動をしたほうがよいのは確か**です。少なくとも、努力するという行為がエネルギーを動かし、新しい展開を引き寄せてくれます。

今まで「伴侶が見つからない」というたくさんの方のご相談を受けましたが、ほぼ例外なく、**「縁遠いエネルギー」**を持っていらっしゃいました。平たく言えば、異性から見て近寄りづらい雰囲気があったり、結婚したいと思わせる雰囲気でなかったり、努力の方向性が違っていたりするのです。

たとえば、言い寄ってくるのは不倫目当ての妻帯者ばかりで困るという方がいらっしゃいました。その方はアダルトで少しセクシーなファッションで、見るからに「愛人」「大人の関係」をイメージさせる雰囲気をお持ちでした。それでは「結婚して家庭を守ってもらいたい安心できる女性」を探している男性との縁はつながりづらいでしょう。

また、美しく、教養があり、性格も優しく素晴らしい方なのに、どうしても縁がないという方もいらっしゃいました。あまりに美しく、育ちのよさゆえに隙が全然ない雰囲気でしたので、「家に帰ったら気を許してリラックスしたい」と思っている男性から見ると、高嶺《たかね》の花すぎて妻として選べないのかもしれません。

そのほか、自分の女性性を認められず、女っぽさを毛嫌いする方、わざと中性的なファッションや振る舞いをする方も、パートナーを見つけづらいようです。こういう方は、今世では女性らしさを否定するように設定されている場合が多くあります。また、今世での幼児体験・トラウマなどが原因となっている場合も多いようです。いずれにせよ、男性が求める女性らしさが全くなければ、やはり恋愛の対象になるのは難しくなります。

●でも、ちょっとしたことで良縁がつかめたりもします

よい縁を引き寄せたいのなら、まずは**異性との間で育みたい関係性はどういうものか**をよく見極め、それにふさわしい格好や、行動をしてみましょう。

もし結婚相手を探しているのなら、結婚相手の候補となるようなファッションや行動をしてみてください。

ファッションは趣味の問題もありますから、無理に女らしい格好をしたり、ハイヒールを履いたりする必要はないと思います。でも一般的に男性が好きなタイ

プの装いというものがあるのは事実ですよね。男性と出会いたいのなら、男性が好きなファッションをするのは理にかなっています。嫌われるような格好をしていたら、誰も寄ってこないのですから。

ファッションや行動を変えるのは、本来の自分とは違ってしまう……と感じる方もいるかもしれません。でも、今までの自分でよい伴侶が見つからなかったのだとしたら、少なくとも今までとは変化させてみないと、得られる結果は変わらないのです。

まずは試してみましょう。その**「試す」「相手に合わせて努力する」という心の柔らかさ**は、恋愛・結婚をはじめとした、人間関係を築いていくために大切な適性だと思います。いざパートナーと出会ってみれば、今まで自分が持っていたこだわりが実は大したことではなかったと気づくはずです。

そして、これがいちばん大事なのですが、いつも**笑顔を忘れずにいましょう。**愛されるために必要なことは、今も昔も変わらないのです。「当たり前」と思うような単純なことの中に、**縁遠いエネルギーを昇華するヒント**が隠されています。

「一人はイヤだから」恋愛していませんか

「愛し合う人がいない」「パートナーがいない」という寂しい気持ちから逃げたくて、必死に相手を探していませんか？　実は、恋愛運が悪い人に多いのが、このタイプです。思いはエネルギーを発しますので、**「誰にも愛されていない」と思うことは、「愛されていない」というエネルギーを発するのと同じこと**であり、当然の結果として、愛されていない現実が引き寄せられてしまうのですね。

しかも、寂しさが心の中で増幅されると、寂しさを早く埋めようと焦りがちになります。すると、**自分と同じような、寂しさを埋めたいだけの相手を引き寄せてしまう**のです。それもひとつの学びであり、有意義だと考えることもできますが、寂しさを埋めることが最優先になると、相手を愛する気持ちは希薄になります。自分の都合でしか二人の関係性を考えられなくなり、次第に「思っていたのと違った」「あの人は私を幸せにしてくれない」「こんなはずじゃなかった」というような被害者的意識が出てきて、結局、「幸せを共有する」という本来の目的を果たせなくなるのです。

また、寂しさを埋めようとすると、恋愛に依存する傾向も強くなります。依存するとエネルギーが重くなるので、相手は負担に感じて逃げていき、恋愛は成就しづらくなります。さらにそんな自分をダメだと思い込むという、負のスパイラルに陥りがちになるのです。

負のスパイラルを解決する方法は、ただひとつ。**今の自分をそのまま認めて受け入れ、自分自身で愛すること**です。自分自身を受け入れ、愛することができたとき、自由で軽くのびのびとした、本来の自分に戻ることができます。

自分一人で楽しく過ごせるようになると、そんなあなたと一緒に過ごしたいと思う、楽しさを共有できる相手を引き寄せるようになります。

WORK 15

幸せな想いが染み込む「アファメーション」

愛されていないという思いや寂しさが湧いてきたら、自分を元気づける次のような言葉（アファメーション）を唱えてみましょう。

「私は自分自身を愛しています」「私は愛される価値があります」「私は愛されています」「私は皆に愛されています」「私は今のままでも十分幸せです」

数多く、長い期間唱えることが大切です。一定量を唱えると自分の中に染み込み、潜在意識が書き換わる瞬間が訪れます。全身が温かくなったり、ピリピリと電気のような振動を感じたり、「そうだ！」と内的な肯定感が全身に広がるなどの感覚が出てくるのです。その瞬間まで自分を慈しみながら唱え続けましょう。

「運命かも！」と思ったら、因縁のソウルメイトの場合もあります

「ソウルメイト」というロマンティックな響きに、美しいイメージを抱く方も多いのではないでしょうか。今までたくさんのご相談を受けてきましたが、ソウルメイトと出会えさえすればハッピーエンドだと思っている方が非常に多いのは確かです。でも残念ながら、なかなかそうはいかないのが人生というもの。

そもそも、ソウルメイトとはなんでしょうか？

いわゆる死後の世界には、**波長の同じ魂の集まるグループ（ソウルグループ）**がたくさんあります。私たちの魂はそのどこかに所属していて、同じグループ内の魂はすべてソウルメイトです。したがって、ソウルメイトは一人だけではあり

ません。

ただし、その中でも**より自分に近い波長を持った魂**は、特に親しみや愛情を感じます。たとえば、一目会ったときにピン！とくる相手は、大体ソウルメイトと思って間違いありません。

特に今世で深いかかわりを持つことになっているソウルメイトは、誕生日が同じだったり、「偶然の一致」が多かったりもするようです。ただ、必ずしも恋愛相手として出てくるわけではありません。今世では親子として生まれているかもしれませんし、同性の友人や、兄弟、親戚ということもあるでしょう。

また、ピンときた相手だったのでソウルメイトだと確信したのに、その後、泥沼のような愛憎劇を繰り広げる……という話はよくあります。これは、いわゆる**「因縁のソウルメイト」**で、何らかの学びをするための「試練の相手」です。

同じソウルグループ出身かもしれませんし、違うソウルグループから来ている場合もあるでしょう。前世のカルマの影響も大きく出てきます。

何度も同じ因縁のソウルメイトと結婚する場合もあります。計画されている学びを終えるまで、何度でも同じことが続いていくのです。

そして、今までたくさんの方のカウンセリングをした経験から申し上げると、**こと恋愛・結婚に関する場合、この「因縁のソウルメイト」である確率が非常に高い**のです。それも、強く惹かれ合う相手になればなるほど、因縁も深いようです。

恋愛初期はお互いに燃え上がり、「こんなにピッタリの相手はほかにいない」と感動しても、いざつきあいが長くなったり、結婚したりすると事情は変わります。相手のささいな行動が気に入らなかったり、相手の家族とうまくいかなかったり……。最初に期待度が高ければ高いほど、天から与えられたと思っていたソウルメイトは、あっという間に地獄のソウルメイトに早変わりしてしまうのです。

●いい絆を育てていくからこそ、縁も深くなっていくのです

ソウルメイトを最初から「因縁の学びの相手」と思っておけば、もう少しうまくいきます。相手の行動がイヤだなと思っても、その忍耐力をつけるために出会っ

た因縁の相手なのだと思えば、我慢のしようもあるものです。

「自分に幸せを運んでくれるはずのソウルメイト」という幻想や期待を手放し、「因縁だから仕方ない」と現状を受け入れると、そこから建設的な方向にエネルギーをシフトすることができるようになるからです。

また、今までそれほど縁が深くない相手でも、今世の学びが同じ傾向・レベルのために出会う場合もあります。強い運命は感じなくても、「この人ならいいかな」「ここで手を打っておこうかな」と結婚する場合などに見られる例です。この場合、絆を育てることで縁の深いソウルメイトに育っていきます。「完璧なソウルメイト」との出会いを夢見るのも悪くありませんが、現実をよく見極め、現在手にしている縁を育てていくことでこそ、本当の幸せを見つけることが可能になるのです。

広い定義で見てみれば、出会う人は全員がソウルメイトです。自分にとって嬉しい出会いも、イヤな出会いも、大切な学びの機会を与えてくれる素晴らしいソウルメイトです。どんな出会いにも、感謝の気持ちを持っていきましょう。

元彼を思い出すほどに、新しい出会いを遠ざけています

人間のエネルギーには一度に抱えられるキャパシティがあり、過去の思い出でいっぱいにしていると、新しい恋愛は現れなくなります。「昨年別れた彼に、もう一度会いたいなぁ」「あ、このカフェは彼とよくお茶しに来たっけ」「この映画、彼と見に行ったなぁ」などと頭がいっぱいになっていると、**本来出会うべき新しい男性が近くに来ても、昔の彼に邪魔されて接触できません。あなた自身が新しい出会いを弾いてしまっている**のです。新しい恋愛中も、過去の恋愛エネルギーが残っていると、今の相手に費やすエネルギーの比重が下がり、いまひとつうまくいかないことが起きます。一度、**心の中を徹底的に棚卸し**してみましょう。

WORK 16

過去の恋愛を昇華させる「歴代の彼ランキング」を作成

まず昔の彼の写真、手紙、メール、思い出の品々を思い切って捨ててしまいましょう。特にそれらを見て思い出に浸ってしまう場合は、絶対に捨てないとエネルギーを切れません。モノには彼の想いもつまっています。彼のほうに未練があると、モノからエネルギーが伝わってきてまとわりつくこともあるのです。

モノとの決別がすんだら、過去の恋愛エネルギーを手放すプチ儀式を行います。

①まず、過去に恋愛した相手の名前を、一人残らず紙に書き出します。相手が心の中のどのくらいを占めているかを直感的に書いてみましょう。たとえば、○○くんは3%、でも△△くんは10%……など。正直に書き出すことが大切です。

Aくん
15%
Bくん
20%
Cくん
30%
Dくん
20%
Eくん
10%
残り…たった
5%!!

②全員分を足してみましょう。全部で何%になるでしょうか? 残ったパーセンテージが、あなたの新しい恋愛のためのエネルギーです。もし残りが20%なら、20%程度レベルの相手しか引き寄せられないことになります。過去にエネルギーを取られすぎていると、100%を超えることもあります。つまり、残りはマイナスというわけです。これではよい相手を引き寄せられなくて当然ですね。現状を認識したら、名前を書いた紙を見ながら次の儀式を行います。

③過去の相手を書いた紙を手に持ち、足を肩幅に開いてしっかりと立ちます。

④一人ずつ名前を読み上げて、こう言います。

「○○さん、あなたと過ごした素晴らしい日々に心から感謝します。それは私の人生の一時期を照らしてくれた素晴らしい思い出です。ありがとうございました。今、私はあなたを手放します。あなたと過ごした過去を手放します。そして、新しい未来に向かって進みます。ありがとう。さようなら」

⑤すべて読み上げ終わったら、紙を火で燃やします。燃える紙を眺めながら、相手に取られていたエネルギーがすべて自分に戻ってくるとイメージしましょう。

嫉妬の気持ちは湧いて当然。でも振り回されないこと

あなたは嫉妬深いですか？　彼がほかの女性と仲よさそうに話しているのを見かけたとき、つい嫉妬してしまいますか？　ある程度の嫉妬は、人間として正常な反応です。それ自体を責める必要は全くありません。でも、**嫉妬の気持ちが湧くのと、それに振り回されるのは全く違います。**もし嫉妬心が強く、振り回されている感じがしたり、嫉妬心を相手にぶつけるような行動をしたりしているようであれば、ちょっと自分を見つめなおしてみましょう。

たとえば、嫉妬心から携帯電話を盗み見たり、休みの日の彼の行動を詮索したりしていませんか？　心配な気持ちはわかりますが、それでは相手を信用してい

ないことになります。エネルギー的に考えると、相手を信頼していないと、恐れている現実＝彼に裏切られる現実を引き寄せてしまうことになりますので、決しておすすめできません。また、これは男性がいちばん嫌う行動でもあります。

大体、もし本当に浮気の証拠などをつかんでしまったら、傷つくのは自分ですよね。絶対にいいことはありません。

男性はそもそもハンターなので、自分から追うのは大好きですが、追われると逃げたくなるもの。嫉妬をするということは、わざわざ「私から逃げてね」と合図を出しているようなもので、逆効果なのです。

とはいえ、ふつふつと湧く嫉妬心を抑えることはできませんから、**湧いてきた嫉妬心をどうコントロールしていくかを学ぶ**ことが重要になってきます。

そして、恋愛のことで頭をいっぱいにするのではなく、ほかの世界を覗き、自分の可能性を広げることも大切です。さまざまな学びや経験で自分を耕して魅力が増えれば、男性は追いかけてきます。

嫉妬が強くなる原因のひとつには、自分への自信のなさが挙げられます。**自分に自信がないと、自分の存在価値を彼に愛されていることに置いてしまい、彼に心理的に依存してしまいます。**すると、彼がほかの女性と仲よくしていると、自分自身が否定されたような気持ちになり、不安になって相手を詮索したくなり、他の女性に嫉妬してしまうのです。

自分に自信が出てくると、嫉妬を感じることはあっても、嫉妬心に振り回されることはなくなります。「大丈夫」と大きく構えることができるようになり、多少のことがあってもあまり気にならなくなるのです。

ですから、嫉妬深さを手放すためには、自分自身を大切にして、自分に自信を取り戻すことが先決です。そのために、まずは**丹田・中心軸**（P29）を意識し、今ここにいる自分に意識を戻します。

そのうえで、**「恐れを手放すワーク」**（P40）や、**「怒りを手放すワーク」**（P68）を嫉妬に置き換えてやってみましょう。

なぜいつも似たような人を好きになってしまうのでしょう

過去の恋愛で同じパターンが続いているとしたら、自分の発している何かしらのエネルギーが反応して現れています。つまり、**原因はすべて自分にあるのです。**

私の場合、つきあった男性のほとんどが長男で、血液型はO型でした。面白いですよね。私が末っ子で、誰かに頼りたいと思っていたから、無意識に長男の男性を引き寄せていたのかもしれません。20代後半~30代の恋愛は、相手が外国人だったり日本人でも海外出張が多い人だったりで、なかなかデートもできないというパターンが続きました。表面的には、「どうして一緒にいられない相手ばかりなの?」と思っていましたが、今思うと、そこに自分のカルマ（思考パターン）

が反映されていたのだとよくわかります。当時の私は、「自分の思い通りに生きたい」と思っていました。でも残念ながら、誰かと人生をシェアしながら適度に自己実現をできるほどは人間ができていなかったのです。**私が思い通りに生きていくには、誰にも邪魔されずに一人になる時間がたっぷり必要だった。**だから会えない相手ばかり……というわけなのです。

出会いや物事の展開は、すべて自分の思考パターンの投影です。よくも悪くもそれを引き出している自分の思考パターンが必ずあるのです。そして、そこに大きな学びがあります。浮気、DV、マザコン、ギャンブル好き、借金癖がある……といった男性が続く場合も、間違いなく根本原因は自分にあります。**そういう男性を引き寄せることで自分の中に2次利得を得ているのです。**「ダメなあの人を支える私」に酔っていたり、お金の苦労を美徳と思っていたり、苦労をすることで過去世のカルマの償いをしていたり……。**この思考パターンは無意識レベルと深く結びついていますから**、渦中にいるときに一人で考えてもなかなか答えは出ません。まずは、ワークでパターンを明確にしていきましょう。

WORK 17

「恋愛履歴書」で恋愛パターンを浮き彫りに

①過去の恋愛相手のプロフィールを紙に書き出します。一人ずつ、年齢や職業、性格、行動、家族構成や、二人の間に起きた問題など思い出して書いていきます。

②全員分を書き終わったら、比べてみましょう。紙に書くことで、少し冷めた違う角度から見られるようになり、解決への糸口がつかめてきます。

③パターンにどういう意味があるか考えてみましょう。**ほとんどの場合、隠れたメリットが存在していて、表面的には認めたくない願望だったりします。**たとえば、「頼られることで存在意義を感じる」「不幸な自分を感じることで悲劇のヒロインを楽しんでいる」など。そこに気づけば、パターンを手放せます。

恋愛は大事です。でも、もっと別の可能性だってあります

結婚する気のない相手と別れたほうがいいのか。浮気性の相手の気持ちが戻るのを待つのがいいのか。さっさと別れて次に進むのがいいのか。

うまくいかない恋愛をどうするかということは、とても大きな問題です。別れたほうがスッキリするとわかってはいても、愛情が残っているうちは、なかなか決断できないものですよね。でも、**あまりに悩みが深い関係の場合、答えは最初から出ているのです。**うまくいかない恋愛は、別れるしかないのです。

関係性というのは、どちらかが終わりと思ったら、そこで終了。不毛な争いにエネルギーを注いで消耗するほど、大変なことはありません。

悩むことも学びですから、それ自体はダメなわけではありません。たとえどんなにつらくても関係を続けたいと望むのであれば、無理に別れる必要はないでしょう。それもひとつの人生ですから、それでいいのです。

でも人生には、もっと多くの可能性があるのも事実です。不毛な関係は、心身ともに必要以上にエネルギーを消耗します。自分を蝕《むしば》む不毛な関係はさっさと手放したほうが、余計な悩みがなくなる分だけ、運は確実によくなります。

それに、**もしその縁が続くべき縁なら、一度離れてもそのうちまた自然につながっていきます。**離婚したのに、もう一度同じ人と再婚する場合などがよい例です。離婚することで関係性がリセットされたために、お互いの大切さを再認識でき、新しく出発ができたと言えます。

ですから、中途半端にしがみつくのではなく、**思い切っていったん手放すことで、それが本当の縁なのかがハッキリしてきます。**

未来はこれから始まるのです。不毛な関係は手放して、心がウキウキするような未来をつくっていきましょう。

WORK 18

「コードを切る」イメージで不毛な関係を断ち切るワーク

情が絡んだ関係は、カルマが絡んだ学びの関係とも言えます。その関係を通して、前世の清算をしている場合もあります。でも、**「学びだから」「カルマだから」といって、いつまでも留まる必要はありません。ある程度学んだら、次に進んでもいいのです。**

実際には、情があるとなかなか決別の決意をするのが難しいでしょう。

とはいえ、決意しないといつまでたっても手放せず、次に進むことができません。ですから、まずは手放すことを決意できるように、自分をその気にさせていきましょう。

関係を断ち切る「決意」のアファメーション

相手のことが頭をよぎったら、すぐに何度でも唱えましょう。

「私は、自分にとって最善の決断をすることができます」
「私には、もっと素晴らしい人生を生きる価値があります」
「私は、私を本当に愛してくれる人と出会えます」
「私には、もっと素晴らしい出会いが待っています」
「私は強い決意を持って、新しい人生に踏み出します」

不毛な関係を断ち切るイメージワーク

エネルギー的な観点から言うと、カップルのエネルギーは近くにいるとひとつになり、エネルギーが見える人には、どれだけ周りに人がいても、どの二人がカップルなのかがわかるほどです。

また、離れているときでもコードのようなものでつながっているので、カップルの片割れのエネルギーを感じたり、顔を見たりすることもできます。それだけ、「想い」のエネルギーは強いものなのです。

この方法は、そのエネルギーのコードを切ることで、相手とのつながりを切り、執着を取り除いていく方法です。

①肩幅に足を開いて立ちます。リラックスして、ゆっくり呼吸をします。
②別れたい相手と自分が、コードでつながっているとイメージします。
③まず、自分の中からコードを引き抜きます。
④次に、相手からコードを引き抜きます。
⑤コードを天に向かって投げます。すると、眩しい光がコードを照らし、コードは消えてしまいます。天使にコードを託すのもよいでしょう。

「不要な関係は終わりました。新しい素晴らしい未来が私を待っています。今までありがとう。さようなら」と唱えます。

Column

結婚、出産、離婚…

関係を手放すことで得られたこと

私も、結婚、離婚、出産など、本当にさまざまなことを体験しましたが、その中で私が「関係性」について学んだいちばん貴重な学びは、何といっても「手放すこと」でした。

しがみつかず、愛の気持ちで手放すこと。

面白いもので、愛を持って手放すと、それ以上の素晴らしいものが手に入るのです。私は妊娠中に、外国人である子供の父親と別れることになりました。原因は彼にあり、別れを切り出したのも向こうからでした。

当時、私は仕事で海外赴任中でした。一緒に働いていた日本人男性の同僚たちの理解が得られず、「仕事をしながら一人で子育ては無理でしょう」と言われ、仕事を離れざるを得なくなりました。さらにはそれが原因で、所属していた会社も辞めさせられてしまいました。これから出産しようというときに、一人になっただけでなく、仕事までなくなってしまったのです。

そのため、もともとつわりがひどかったのですが、ストレスで妊娠7カ月を過ぎるまでつわりが続き、一度は入院までするほど悪化してしまいました。

当時のさまざまな状況を考えると、子供の父親と泥沼の争いをして、相手の非を責め続けるという選択肢もありました。

でも私は彼を手放し、よい関係性だけを残すことを選びました。なぜなら、関係というのは双方が同じ気持ちを持っていない限り、片方だけがどんなに頑張っても全くダメだと思ったからです。

「子供もできたのだから一緒にいるべきだ」という思いは正論です。でも、相手がそれを望まないのなら、無理強いしても仕方ありません。二人で一緒の方向性を向いていない限り、一緒にいても決して幸せな生活ができるとは限らないのです。

また、相手を責め続けても、自分がつらいだけで何も解決しません。ですから、「相手を自分の思う通りにしようとしない。自由を認めて手放す」と決めて、彼には何も求めず、文句言わず別れて、その後も放っておいたのです。

とはいえ、感情的にはそう簡単ではありませんでした。実際に心の中の怒りや憤り、葛藤がすっかり収まるまでには、正直数年が必要でした。

でも、その自分の中のドロドロしたものを彼にぶつけることはありませんでした。ぶつけても仕方ないからです。そんなことに自分を消耗するよりも、子供と過ごす今の幸せにフォーカスしようと決めたのです。

でも、どこかに恨んでいる気持ちはあったのでしょう。その後、彼がちょっと不幸な目にあったのですが、そのときは心の底から「ザマーミロ」と思いました（笑）。本当に清々しい気持ちでした。

ですから、決して私の心が美しいわけでも、偉いわけでもありません。ただ、感情だけに振り回されないように、自分をコントロールしたのです。

手放そうと決めたことは、決して変わりませんでした。その決意はとても大変でつらいことでしたが、今振り返っても本当によい決断だったと思います。

私のその態度は、彼との間に新しいよい関係をつくり始めました。彼は当時医者の卵で、収入も少なかったために、当然、養育費の送金も全くありませんでした。でも、私は「仕方ない」と思って、一切何も言わなかったのです。

そんな淡々とした私の態度に、彼はとても申し訳ない気持ちになったようでした。その後、パリの病院で勤務し始めてお金ができてからは、私と子供をフランス旅行に招待してくれました。また、可能なときは養育費も送ってくれるようになりました。

その後、彼は医師としてアフリカの数カ国に派遣されるようになりました。現在は自分の国に帰りましたが、私に何かあったときにメールをすると、心配して応援メールが来たりします。

東日本大震災のときには、心配してすぐ電話がかかってきました。また、彼だけでなく、彼の兄弟や親戚からメールが来たり、さらには一度も会ったことのない彼のお姉さん2人から、それぞれ別のタイミングで電話がかかってきて、とても心配してくれたのです。

結婚という形でつながってはいませんが、必要なときに自分を支えてくれるよい友人・家族ができた感じです。それは、何よりも素晴らしいことだと思います。

私は、彼に何か期待して手放したわけではありません。期待は全くなく、ただ手放し、私も自由になったのです。

自由になることで、私には新しい人生の展開がありました。今も好きなことを仕事にして、自分の思い通りの人生を生きています。毎日とても充実して幸せです。今こうして本を書いているのも、彼と別れたからこそ、と言えるかもしれません。

「相手がいい人だったからよ」と言われることもあります。

でも、たとえどんな人が相手でも、こちらの態度で物事の展開は変わります。また、全然ダメな相手だったら、なおのことさっさと相手を手放さないと、解決しない争いに気持ちを巻き込まれて、自分を消耗してしまいます。


自分の期待が裏切られると、つい正論で相手を責めてしまいがちです。でも、本当に大切なのは、自分の期待に沿わない相手を認め、手放すことです。

それは、許しであり、大きな意味での愛だと思います。手放すと、軽くなります。本当に、ラクになります。必ず、よい展開があります。

恐れずに手放してください。失うものは、実は何もありません。それどころか、もっといいことが絶対に起きるのです。

あなたも恐れず手放して、自由になって、ぜひ本当の幸せを手に入れてください。

第4章

誰にでも
やるべき課題が
あるのです

[仕事運アップ]

仕事絡みの試練には、今世で乗り越えるべき課題があります

多くの人は、通勤を含めて一日の半分近くを仕事に費やしています。最近では、仕事絡みのストレスから体調を崩す人、鬱になる人も多くなっています。不満が募り、「自分は必要とされていない」「もっといい仕事があるのでは」といったネガティブな思考ループに入り込んでしまうと、心身のエネルギーを消耗するため幸運は引き寄せられなくなります。

仕事絡みの試練には、必ずと言っていいほど、今世で乗り越えるべき学びがあります。その学びをきちんと受け止め、ポジティブに対処し、自分自身を鍛えていければ、その学びから早く卒業して次のステージに進めるようになるのです。

本章では、自分を良い状態に保ち、仕事運を良くするヒントをご紹介していきます。

職場の「何かイヤな感じ」は浄化が必要というサイン

「場所」にはエネルギーがあります。いわゆる「気」と言われるものです。その場所の清潔さや片づき具合、そこで働く人たちから放出されるエネルギーでできあがったものです。毎朝職場に行くのがなんとなく嫌だったり重い気分になったりするなら、あなたの嫌いなエネルギーが職場に溜まっているのかもしれません。

まずは自分がその負のエネルギーに負けないように、**丹田・中心軸**（P31）をしっかりとつくり、**何事にも惑わされない自分**をつくっていきましょう。そのうえで、職場に溜まった負のエネルギーをさまざまな方法で浄化していけば、快適な職場環境を整えることができます。

WORK 19

より清らかなエネルギーに包まれる「5つの清浄法」

場所のエネルギーを浄化するには、清潔に保つ、整頓するという大原則があります。これをきちんと押さえたうえで、負のエネルギーを浄化しましょう。

●机の掃除をする

場の乱れはエネルギーの乱れを引き起こします。まずデスク周りを整理整頓して、ていねいに雑巾で拭き、ピカピカにしましょう。可能であれば、ほかの人の机を拭いたり会議室を整頓したりしてもいいですね。台所周りなども自分から積極的にきれいにしていきましょう。「会社だから自分がやらなくても構わない」

という思考を変えて自分から行動し始めることが、幸運を引き寄せる秘訣です。

●水晶を置く

水晶には浄化パワーがあります。デスク周りのエネルギーを整えるために、水晶をデスクの上に置いたり、無理な場合は引き出しの中に入れるのも効果的。クラスターと呼ばれる水晶の結晶や原石がおすすめです。大きければ大きいほどパワーがあると言われていますが、手のひらに載る小さなサイズでも大丈夫です。

●ミラー（鏡）を置く

人間のいるところには、必ず人間の念（思考エネルギー）があります。そういう「念」に対して、大昔から使われてきた方法が**ミラー返し**です。自分に対してイヤな念を送ってきていると感じる相手の方に向けて鏡を置いてください。鏡がイヤな念をはね返してくれます。サイズは小さくてＯＫ。手鏡などでも結構です。

●塩を盛る

塩の浄化パワーも非常に強力です。やり方は、小皿にお塩を盛るだけ。デスク上か、足元に置きます（蹴飛ばさないように注意）。対《つい》にする必要はありませんが、毎朝交換しましょう。あまり大々的にできない雰囲気なら、ピンク色の岩塩などをかわいい小皿に載せてアレンジしてもいいと思います。いかにもスピリチュアルといった感じが薄れるはずです。岩塩の塊《かたまり》そのものをおいても構いません。

●浄化のエネルギーボール

職場のもやもやとした空気がイヤな人は、このワークで浄化しましょう。

①まず、真っ白い光のボールをイメージします。これは浄化のエネルギーボールで、このボールが触れた部分は、すべて浄化されていきます。

②ボールを職場全体に広げ、すべて浄化していくイメージをしましょう。広げ方にルールはありません。ボールを大きくして職場をすっぽりと包んでもいいですし、ある程度の大きさのボールを転がして少しずつ浄化しても構いません。

③職場にネガティブなエネルギーを出している人がいたら、光のボールで包み、浄化していきましょう。イメージをありありと描くことが成功のポイントです。

仕事で高みを目指すなら「なんとかなるさ」を控えること

仕事とはとても厳しいものです。お金を稼ぐという目的のために行われる社会活動ですから、実際にどういう結果が出るかが非常に重視されます。いくら一生懸命やったとしても、結果がともなわなければ評価されないのが仕事です。

仕事の対価はお金であり、すべて数字で表されます。数字にはあいまいさがありません。働く時間、時給、休みの日数など、すべては明確な数字で表されます。

ですから、**数字に強くなり、数字に換算して考える思考ができるようになる**と、それだけで仕事やビジネスの世界に上手に関われるようになってきます。

ところが、女性にはそのあたりがあいまいな人が多く、その意識の甘さで仕事運を逃がしていることが多いのです。

以前、レイキヒーリングを仕事にしたいという方からご相談を受けたことがあります。ご本人の希望は「それだけで生活できるくらい稼ぎたい」「できれば毎月100万円くらい稼ぎたい」ということでした。

詳しくお話を聞くと、「うちは田舎なので、1週間によくて5~6人しか来ないと思います。料金も一人6千円くらいで考えています」ということでした。

「では、1カ月4週間とすると24人×6千円で、14万4千円にしかなりませんよ。100万円稼ぎたければ、1人1万円で100人のお客さまが必要ですが……」

と申し上げると、その方はこうおっしゃいました。

「はい、それで困っているんです。どうすればいいでしょうか」

数字は非情です。どうにかしたいと思っても、24×6千円が100万円になることはありません。つまり、**数字を変えるか、目標を下げるか、どちらかしかないのです。**

これは極端な例だと思われるかもしれませんが、私がセラピスト希望の方や、趣味を仕事にしたいという方から受けるご相談はだいたい似たようなパターンです。「難しいかもしれないけれど、なんとかなるのではないか」と、漠然と思われている方が多いのです。

また、これは会社勤めの方でも同じです。毎月確実に同じお給料がもらえるお仕事をしていると、自分の仕事がどの程度の価値があるかを測る感覚が鈍ってくるのです。

自分の価値があいまいだと、同様に「なんとかなるさ」「こんなもの」と、仕事に対する感覚がどんどん甘くなっていきます。すると、何をやってもうまくいかなくなります。それは、**仕事運以前の問題**なのです。

仕事運を上げるには、まず**仕事に関して細かい部分まできちんと計画し、着実に実行していくことが前提条件**です。その前提条件があってこそ、具体的な行動ができるのであり、具体的な行動があるから、そこに宇宙のサポートも入り、運も上がるのです。

ですから、仕事に関して願いがある場合は、まずは**あいまいさを手放してください。**何か仕事をしたいと思ったら、次の項目をよく考えてみましょう。

- 仕事を通して達成したい目標
- やりたい仕事の内容
- 自分が今実際にできること
- 欲しいお給料
- 働ける時間
- 勤務場所
- 休暇などの条件

そのうえで、どうすればうまくいくようになるのか、必要に応じて計画を変更しましょう。ポイントは**現実的になること**です。現実をしっかり見極めて行動していけば、必ず運が後押ししてくれるようになります。

どんな仕事も、あなたに今必要なことを教えてくれます

職場での役割や仕事分担は、人間関係も関係して、難しいものがありますよね。

たとえば、以前こういうご相談を受けました。

「同僚のＡさんは全然仕事をしなくて、私ばっかり仕事して損な気分です。どう対処すればいいでしょうか」

確かに、文句も言いたくなります。でも、Ａさんのことはいったん脇に置いておいて、ちょっと考えてみましょう。ここで問題の本質は、**「同じお給料なのに私のほうが仕事が多いのは不公平で損」という意識**にあります。もちろんその感覚はある程度正常です。同じお給料なら同じ働きを期待するのは間違いではあり

ません。でも、自分は損しているという感覚で物事をとらえるのは、実はもったいないことなのです。**損得勘定とは、物事のとらえ方として非常に狭い範囲、短期間しか視野に入っておらず、あまりに短絡的**です。本当に損なのかどうかは、長い目で見ると違う答えが出てくるかもしれません。違う角度からは、いろんな可能性が見えてきます。たとえば、

・会社の人たちがあなたの働きぶりに感心し、次回の評価が上がるかもしれません。

・好感度がアップして、上司が素晴らしい伴侶を紹介してくれるかもしれません。

・一生懸命働くことでスキルが上がり、転職で有利になるかもしれません。

また、スピリチュアルな観点から可能性を見てみると、

・前世であまりに怠け者だったので、今世は苦労しているのかもしれません。

・前世でAさんに借りがあるので、今世で返しているのかもしれません。

・今世は一生懸命働くことで、来世に対して徳を積んでいるのかもしれません。

・未来に素晴らしい出来事が準備されていて今は試練の時期なのかもしれません。

魂の学びは常に完璧です。今起きていることには、何かしらの意味が隠されているのです。自分のしたことは、必ず自分に返ってきます。よい行いは、必ず報われます。ですから、目に見える損得勘定だけで誰かと比べるのはやめて、今現在の不満は手放してしまいましょう。必要なら上司に相談するなどして、淡々と対処することです。そして、**自分にできることは出し惜しみなく、一生懸命取り組みましょう。**不満を手放して、損得勘定に惑わされることなく自分にできることを精一杯行っていれば、必ず報われて素晴らしいことが起きてきます。

なお、これは「自分を犠牲にしてでも、道徳的によい行いをしよう」ということではありません。単純に意識の持ち方として、**「起きている出来事のよい面にフォーカスを向けて、自分にできることをしよう」**ということなのです。

自分の待遇が下がるなど実害が及ぶような理不尽なことであれば、きちんと自己主張して改善してもらう必要があります。ただそれさえも天の視点から見れば、その先に報われるようなご褒美が待っている場合もあります。現在の状況がどんなであれ、それですべてが終わるわけでないことだけは覚えておきましょう。

天に気まぐれはありません。叶わなかったことにも意味があります

自分がしたいことだけできるとは限らないのが人生です。キャリアにおいて、どうしても望まない選択をしなくてはならないときもあるでしょう。家族を養うために収入を優先し、望まない仕事に就いた方をたくさん知っています。また、望まない地方に転勤させられたり、リストラされたり、会社が倒産してしまうこともありますよね。そのときに、**自分の願っていたことへの未練を断ち切り、どこまで覚悟を決められるか**で、その後の道の開け方が変わってきます。

実は私にも、つらい決断をしたときがありました。子供を出産したのち、できれば出産前から携わっていた国際協力に関連したコンサルティング業を続けたい

と思っていました。それは、昔からあこがれていた仕事であり、何年もかかって苦労して築き上げてきたキャリアだったからです。

しかし、残念ながらシングルマザーとして子育てをしようとしていた私は、会社から「その状況では仕事は無理でしょう」と戦力外通告されてしまい、クビになってしまったのです。確かにその仕事は危険もともない、自分のプライベートもある程度犠牲にしなくてはならない仕事でした。電気や水道もなく、医者もいないような途上国の農村部に頻繁に出張して、さまざまな調査をしなくてはならない仕事です。

会社の言い分はわからないでもありませんでした。とはいえ、そのときの私の絶望感はとても言葉では言い表せません。でも、子供を育てなくてはならない状況にあった私には未練がましく悩んでいる暇はありませんでした。そこでキャリアはスッキリとあきらめ、別の仕事を探し始めました。悩んでも仕方ないからです。

選択肢がないときに、「この仕事は嫌い」「本当はあっちがよかった」など、いつまでも葛藤を抱えていると、てきめんに運が悪くなります。自分の思考が未来を創造します。したがって、自分の不幸にばかりフォーカスして考え続けていたら、それが実現してしまうのです。

人生の学びという視点から見ると、今起きていることはすべて完璧です。**たとえイヤな仕事だとしても、今その仕事についていることは今のあなたにとってそれが必要な学びだからです。**学びが終われば、新しいステージに向かえます。

今の仕事から気持ち的に逃げていたら、いつまでも学びは終わりません。何度転職しても同じようなつらい状況に陥ってしまう場合、そこに乗り越えるべき学びが隠されているのです。場所を変えても何度でもやってきます。

まずその現実を受け入れることが大切です。そして、**「本当はこうしたかった」という未練をさっさと手放してしまうこと**です。今、目の前のことに全力投球できると、どんなことであろうと必ず手ごたえを感じ、充実感を持って働けるようになります。そして、そういう前向きな気持ちで真摯に取り組むとき、天の計らいによって、必ず**「期待以上のいい展開」**が与えられます。

私の場合に実際何が起きたかというと、乳幼児を抱えていたにもかかわらず、自宅から歩いて通える場所にとても待遇のよい会社が見つかり、すぐに採用されました。就職難の時代に、乳幼児を抱えたシングルマザーが好条件の就職先を見つけられたのは、非常にめずらしいことでした。

職種も人間関係も決して望んでいた環境ではありませんでした。でも、自分にとっていちばん大切なのは子供を育てることだとわかっていましたから、迷いはありませんでした。大切なことからブレずに、未練を手放して決心したことで天のサポートが入り、思いがけずよい条件の仕事にめぐり合えたのだと思います。そこで生活の基盤を整えた私は、その後スピリチュアル・セラピストとしての仕事にいちばんよいタイミングで導かれていきました。もしあのとき、以前の仕事に未練たらたらで後ろを向いていたら、展開は全く違っていたと思います。

今あなたがどういう状況であれ、**「こんな仕事イヤだ」という不満や、「あの仕事のほうがいい」という未練を手放して、前に進んでいきましょう。**必ず素晴らしい展開が待っていますよ。

人間関係。いちばんの解決法は、やるべき仕事を淡々とこなすこと

職場では人間関係の悩みがつきものです。相手が絡むトラブルは、自分ではどうしようもないことが多々あります。でもそういうときでも、悩みを手放して淡々と生きることで、状況を変えることは可能です。

これは、会社でのいじめを乗り越えて運を好転させたTさん（30代会社員・女性）の実話です。大手企業に勤めていたTさんは、同じ課の同僚グループによる意地悪な言動に悩んでいました。あいさつしても無視されたり、仕事上の質問をしても「上司を通して聞いてください」と言われたり、明らかにいじめの域に入るような態度に傷つき、悩んだ末に私に相談にいらしたのでした。

そのグループを会社が黙認していること自体が問題だと思われましたが、会社の風土らしく、誰も助けてくれる様子はありません。Tさんは会社を辞めることも視野に入れていましたが、好きな仕事だったので、できれば続けたいという気持ちもあるようでした。だとしたら、仕方ありません。そこに何か学びもあるのでしょう。

私は、次のようなアドバイスをしました。

- 相手とは波長が全く合わないので、無理に相手とうまくやろうと思わないこと。
- 職場は仕事をしてお金を稼ぐ場所だと割り切り、仕事はきちんとこなすこと。
- 悩むのはムダなので、感情的にならないようにして、淡々と過ごすこと。
- 会社を辞める選択肢もあるが、学びがあるからそこにいるのは明らかなので今はまずできることをやること。辞めるのは十分に手を尽くした後でも間に合う。
- 相手を憎んでも仕方ない。相手は何もわからないかわいそうな人たちだと思い、高い視点から愛の気持ちで眺めること。

Tさんは葛藤しながらも悩みを手放し、アドバイスに従って淡々と仕事を続けました。**すると、次々に奇跡の展開が起きたのです。**

まず、悩みに向いていたエネルギーがすべて仕事に向くようになったため、仕事の能率が格段によくなり、今まで以上に仕事ができるようになりました。それによって仕事が認められて異例の昇進。また、相手と無理に関わらない淡々とした態度を見て、傍観者だった周りの反応が変わり、意地悪グループを快く思っていない人々とのつながりもできてきました。

さらには、古い体質の会社で異例のことが起きました。通常は人事異動がない部門なのに、Tさんにいじわるをしていた中心人物が、急に異動になったのだそうです。普段あり得ないことだったので、皆ビックリだったとか。その後、Tさんの働きは役員からも認められて、会社改善のための提案をするように頼まれるようになりました。きっとTさんには、**その環境を通して愛や忍耐を学ぶという試練**があったのでしょう。そして相手と同じレベルに落ちず、相手を大きな観点から許し、自分の道を進んでいったことで、天からのサポートが入り、学びを無事終えて、見事なご褒美を受け取ることができたのだと思います。もしあのときTさんが、意地悪グループを苦に会社を辞めていたら、恐らくほかの会社に行っても、別の同じような意地悪グループに出会っていたかもしれません。

職場の問題で悩んでいる方はたくさんいると思います。悩みにはさまざまなケースがありますので、具体的な対応策は決してひとつではありません。ただ、

・悩みを手放すこと（いつまでも悩み自体について考えないこと）。
・その状況に、感情的にのみ込まれないこと。
・やるべき仕事をきちんとこなすこと。

この3つのポイントは、どんな悩みでも変わりません。まずは悩みを手放して、淡々と自分のすべきことをこなしましょう。必ず新しい展開が訪れるはずです。

なお、そうはいっても悩みの中に落ち込んでしまったり、感情的になかなかふっきれなかったりするときは、次の方法を試してみてくださいね。

WORK 20

悩みを洗い流し、自由になる「真っ白な光のシャワー」

自分の中にある悩みやさまざまな感情を、光のイメージで浄化していきます。

① 椅子に背筋を伸ばして座ります。ゆったりと呼吸をしてリラックス。
② 頭の上のほうから、真っ白な浄化の光が差してくるとイメージします。
③ 浄化の光は全身を照らし、全身が真っ白に輝きます。すると、体の中に溜まっていた悩みやネガティブな思いがすべて浄化されて、きれいになっていきます。
④ スッキリした清々しい感覚をじっくりと味わいましょう。十分に浄化されたと感じたら、終了します。

第5章

「損」を「徳」と考えられると、お金に愛される人になれます

［金運アップ］

金運アップの方法は、驚くほどシンプルです

金運をアップする方法にも、「手放せば、手に入る」の原則が働いています。

最近は不況の影響もあり、将来への不安から貯蓄にこだわる方も多いかもしれません。でも、お金はエネルギーなので、まず**自分から差し出して流れをつくらないと、それ以上には入ってこない**のです。

「出したら貯まらないのでは？」と思うかもしれませんが、実は貯め込んでいるのがいちばんダメなのです。

お金への意識の持ち方、お金の入口と出口の扱い方を間違えなければ、お金は上手に流れるようになり、必ず金運はアップします。その法則に則って、金運をよくするために必要な手放しをご紹介します。

誰でも、願うだけのお金を手に入れる権利があります

金運がいまいちよくないという人のお話を聞いていると、お金に対してよくないイメージや罪悪感を持っている場合が多いように思います。「お金を稼ぐことはよくないことだ」「汚いことをしないと、巨万の富を得ることはできない」「お金持ちはずるいことをしているはずだ」とイメージです。テレビのニュースでお金絡みの事件を見るたび、「お金は怖いね」「お金なんてないほうがいいね」とつい口にしてしまう方もいらっしゃるのではないでしょうか。

でも、**お金は単なるエネルギー。よくも悪くもなく、ましてや怖いものでもありません。問題は、それを扱う人間の意識のほう**なのです。

最近は自己啓発本が普及し、「お金＝悪」という考え方は大昔のものであり、お金はいいもの、お金を好きになることが大切という考え方が広まってきました。

それでも、意識の奥にしみついたお金にまつわる罪悪感はなかなか消えないようです。それは、たくさんのお金を持つことを自分で許せない意識として残っています。

たとえば転職をするときに、自分の収入がいくらなら適切だと思いますか？

そしてそれは、どんな基準からそう考えているのでしょうか？　業界の年齢平均や、持っているスキルの平均年収かもしれませんね。

でも、それはあくまで一般論のこと。今の自分が必要な金額と、業界の平均収入が必ずしも一致するとは限りません。そもそも、業界平均に自分を合わせる理由はありません。**自分が欲しい金額は、自分で決めていいのです。**

もしかしたら、それは「今の自分の実力では無理」だと感じる金額かもしれません。でも、それでもいいのです。まずは、自分の中から湧き出てきた「欲しい金額」を認めましょう。

なぜ、もっと大きな金額をオファーしないのかというと、自分がそれに値しないと思っているからと言えます。大きな金額を欲しいと思うのは悪いと感じて、拒否しているからです。その罪悪感を手放していけば、金運は俄然よくなります。

実際に、意識が変わると世界は変わります。その証拠に、同じ仕事でも驚くほど高額の年収を取っている人もいます。意識がその金額を受け入れているからです。すべては意識で決まります。まずは、自分の中の罪悪感を手放しましょう。**あなたは自分が願うものを手に入れる価値があります。**遠慮なく、欲しいものを求めてみましょう。

お金をたくさん持っていれば、必要としている人たちに分け与えることができるようにもなります。お金を持つことは決して悪ではなく、それを善のエネルギーに転換することだってできるのです。罪悪感を手放し、たくさんのお金を受け入れましょう。そして、独り占めするのではなく、必要なところに流していきましょう。

自分が欲しい金額を遠慮なく受け取れるようになるワークを紹介します。

WORK 21

「お金が怖い」という無意識の暗示をはずすワーク

①最初に、自分にとってふさわしいと感じる金額を書き出しましょう。

②次に、欲しいけどそんなにもらったら悪いと感じる金額を書き出しましょう。

③椅子に座ってリラックスし、最初の金額を頭に浮かべて、感謝します。

④次に、欲しい金額を頭に浮かべます。罪悪感や「無理」という気持ちが浮かんだら、気持ちをゆっくり溶かしていくイメージをしましょう。そして、「私は、この金額を手に入れます。私はこの金額にふさわしいのです。この金額を手に入れることで、私は社会にさらに貢献できます。この金額を与えてくださり、ありがとうございます」と唱えます。感謝の気持ちになったら終了します。

「まだ足りない」人が満たされることはありません

お金への過度の執着は、決してよい結果を生みません。特に独り占めしようとしたり、だまして自分だけ得をしようとすると、痛いしっぺ返しがやってきます。

実際に、私の知人の外国人B氏（男性）にあった出来事です。B氏は日本人の妻E子さんと東京で暮らしていたのですが、E子さんに内緒でアルバイトをしてお給料を貯金していたのです。E子さんはそれを全く知らず、フルタイムで共働きをして家事を全部こなしていました。B氏にかなりの貯金ができても内緒にしていました。貧しい途上国から来たB氏からすると、E子さんは日本という恵まれた国に生まれたのだからB氏が黙って貯金するのは悪いことではないと思っていたようです。**B氏のお金への執着は強く、どんなに稼いでも「まだ足りない」と思っているようでした。**次第にただの貯金では収まらなくなり、ある国の貨幣の外貨預金を始めました。当時で年利10％以上の高金利預金。ところが、為替レートが急に変わり、貨幣の価値は3分の2以下に下がってしまったのです。いくら利率がよくても元本割れしてしまい全く意味がありません。B氏は半狂乱になるほどショックを受けましたが、もう後の祭りでした。

私から見ると、B氏は自分でそういう状況を引き寄せたのだと思います。まず「お金が足りない」という思い込みに加えて独り占めしたいという執着心が、お金が減ってしまうという天罰のような現実を引き寄せたのでしょう。欲深く汚い手段をいとわない人に、いいことは決して起きません。**余計な葛藤を持たずに、ただお金と上手につきあえば、無理しなくても必ずお金はめぐってくる**のです。

執着するのは「今不十分だ」という気持ちが根底にあるから。独り占めしたくなるのは「奪われてしまうのでは」という恐れがあるからです。でも、そういう気持ちがあると、まさに不幸な現実を引き寄せてしまうので気をつけましょう。

WORK 22

分かち合うことで金運がアップする「金色の光のワーク」

① 今の財産をすべて書き出してみましょう。そして、その財産を持っていることに心から感謝します。

② 十分なお金を持ち、豊かに満たされている状況をイメージします。そして、嬉しい気持ちを味わいましょう。

③ 自分の体の中に**金色の光**があるとイメージします。その光が卵のように自分の全身を包み込み、さらに自分の周りにどんどん広がっていくとイメージします。

④ 金色の光を自分だけでなく周りの人たちと分かち合うイメージをして、分かち合う嬉しい気持ちを味わいましょう。

お金を気前よく手放すと、最後は大きくなって戻ってきます

お金はエネルギーです。お金を貯めよう、節約しようと必要なお金まで出し惜しんでしまうと、エネルギーの流れが悪くなり、次のお金はやってきません。投資で大金を稼ぐ人も、最初はまず投資という形でお金を払っているのです。**お金の基本は「回すこと」**。ケチケチせずお金を払っていくと、お金は必ず戻ってきます。

気前よく手放すといっても、ムダ使いをおすすめしているわけではありません。気前よさの基準は、たとえばずっと前からほしかったモノを買うなど、**それによって満足感が得られるかどうか**にあります。

悩みや不満の憂さ晴らしをするために、同僚と飲みに行った。これも気前のよい手放し方のひとつです。一見意味がないように感じるかもしれませんが、同僚と飲みに行くことでストレスが解消し、本人の心がスッキリするのならば、気前よく、意味のあるお金の使い方になります。

問題なのは、不安をまぎらわすために散財してしまうような、買い物依存症を思わせる場合です。買わずにいられないというふうに主体性がなくなると、お金は出ていく一方になります。

なお自分のものを買うだけでなく、**困っているほかの人への奉仕として寄付をすると、その金額は必ず大きくなって戻ってきます。**何も大金でなくていいんです。今はコンビニでも寄付用ボックスが置いてありますから、積極的に小銭を寄付するのはお金を回す観点からもおすすめです。結婚式のお祝いなども、ケチケチせずに気前よく払いましょう。

実は、**税金を出し渋るのも金運を悪くする原因のひとつ。**税金は誰もが払わないですむなら払いたくないと思うもので、その気持ちを正当化しがちです。でも、金運という観点から見ると、税金を払うことは決して損ではないのです。

税金は、自分が暮らしている国や地域の社会基盤を整備するための公共事業に使われます。基本的なインフラ整備や、社会福祉など。つまり、税金を払うことは、社会をよりよくするための貢献であり、徳を積んでいることになるのです。

それを**出し惜しみすることは、自分が恩恵を受けている社会制度に対して必要な貢献をしていないことになります**ので、結果として運は悪くなります。

今の政府はよくない……と出し渋る気持ちもわかります。でもスピリチュアルな視点で見れば、よい政府も悪い政府もありません。すべては私たちの選挙によって選ばれた人たちであり、つまり全部自己責任ということになります。

税金はどうしても払わなくてはならないものです。出し渋ったり、イヤイヤ支払ったりするのではなく、**必ずめぐりめぐって戻ってくるという確信を持って、気持ちよく手放していきましょう。**気持ちよく、気前よく手放せば、気持ちよくスムーズに戻ってきますよ。

「入金ルートはお給料しかない」は、「お給料以外いらない」と同じ

お金はエネルギーですので、至るところに入口があります。会社勤めだと、どうしても「お給料」以外の入金ルートをイメージすることが難しいですよね。ですから、お給料をいかに振り分けて貯金や生活費に使うかという発想になります。でも、お給料以外の入金はないと信じていると、そういう現実を引き寄せます。

つまり**「お給料しか入らない」と思うことは、「お給料しかもらいません」と天に宣言しているのと同じ**なのです。今、自分の考える範囲ではお給料しかないとしても、それ以外の可能性を否定せず、意識をオープンにしておきましょう。

たとえば、株、外貨預金、不動産などの各種投資や宝くじ、副業をするなど

です。また、遺産相続ということもありますね。真剣に入金手段を探そうとすれば、思っているよりずっと多いことに気づかれると思います。

フリーランスで働くHさんは月50万円の収入を得たいと思っていらっしゃいましたが、なかなか目標を達成できずに悩んでいました。「50万円」という単位に強いこだわりがあり、「まずは10万円を受け入れてみてください」とアドバイスしても即座に「いえ、それじゃダメなんです。足りません。50万円じゃないとダメなんです」とおっしゃいます。でも、総額50万円であればいいわけで、一度に入らないといけないわけではありませんよね。特にフリーランスですから10万円ずつ5回入金があれば50万円になります。10万円を「ダメ」とはじくことは、5回に分けての入金という形を拒否することになるのです。

50万円をひと塊《かたまり》として捉えるのではなく、たくさんの小さな金額が集まって達成できると捉えると、一度に入る金額へのこだわりがなくなり、実際にお金がたくさん入ってくるチャンスも増えます。欲しい金額をイメージする際に、**総額を決めるのはいいですが、入金のルートや形は、フレキシブルに**考えましょう。

WORK 23

磨き上げるほどにラッキーが訪れる「お金の館掃除」

自分の潜在意識にあるお金の館を掃除していくイメージワークです。豊かさは美しい環境が大好き。お金の館を大掃除して、豊かさを受け入れる場所をつくりましょう。

① 椅子に座り、目を閉じ、ゆっくりと呼吸します。全身がリラックスしたら、イメージを始めましょう。

② 目の前に、あなたのお金の館があります。ここは、あなたのお金に関するすべてを管理する場所です。

③扉を開けて中に入りましょう。大きな暖炉《だんろ》があり、煙突につながっています。
④まず、煙突を掃除します。この煙突は、天からお金が流れ込んでくる入口です。よく見上げると中が詰まっています。煙突掃除用のモップを使って、よく掃除しましょう。
⑤次に、散乱している荷物を片づけます。
⑥最後に、はたきを掛け、掃除機をかけて、床を雑巾で磨いていきましょう。全体がピカピカになったら、掃除を終了します。

お金に関する願いがあるときは、このお金の館に行ってお願いしてみましょう。どうすればいいのかが、イメージとして湧いてくるかもしれません。そのときに気になったイメージは記憶しておきましょう。

お金の館
10000
5000
1000
500
100
10
1

おわりに――いろんな学びがあるから人生は素晴らしい

「幸せになりたい」と願うすべての方のために、いらないものを手放し、いいことをいっぱい起こすための考え方やヒントを書いてきました。

でも最後にお伝えしたいのは、**実はこの世には「いいこと」も「悪いこと」もない**ということです。よい、悪いというのは、私たちの意識が意味をつけているにすぎないのです。

この本の最初に、2012年の3月にある病気が発覚したと書きました。その病気とは乳がんでした。発覚する2日前、私は夢でそのことを知りました。夢の中で、私は病院にいました。そして「あなたはがんです」と告知されたのです。

私は動揺するわけでもなく、素直に「そうか～」と納得して受け入れていました。今まで精一杯生きたし、もしこれで死んでも後悔はないと思ったのです。そのとき頭上から、「治る可能性はあるよ。治っちゃうかもしれないよ。自分で決めていいんだよ」という声がしました。

「そうか、死ぬって思い込んでいたけれど、治せばいいのか……。そうだよね。どうしようかな……」

そこで、目が覚めました。とても不思議な夢でした。

がんというと死の病というイメージがありますね。私も夢でわかっていたとはいえ、やはり最初はとてもショックを受けました。ただ幸いにも早期発見だったために、手術自体も簡単なものでしたし、その後の治療もとても軽くてすみました。肉体的にも心理的にも負担が最小限だったのは、本当に幸せなことでした。

スピリチュアルな観点から見ると、病気にはすべて意味があると言えます。なかには具体的に病気の意味を決めて書いた本も出ていたりするくらいです。例えば「乳がんは感情的なしこりがあるから」「心に怨みがあるから」などの意味をつけている本を見たこともあります。

そういう部分もあるのかもしれません。でも私は、**病気の原因をひとつに決めつけることはできない**と思っています。

病気は、心のエネルギー、体のエネルギー、人との関係性のエネルギー、運命的なカルマなど、さまざまな要素が混ざり合って病気という結果として出てきます。心の問題だけ、体の問題だけ、ということはありません。特にがんのように命に係わる病気の場合、カルマ的な要素も非常に大きく絡んでいます。

また、**病気は悪ではありません**し、何かの行いに対する罰でもありません。確かにかに病気をすると大変なこともあり、決してよろこばしい状態でないのは確かです。でも、**そこには実りの多い学びが隠されています。**病気をして、その治療のつらさや苦労を体験することで、他人の痛みもわかるようになります。

また、本当に大切な人間関係を見極めることができたり、自分にとっていちばん大切なことがわかったりします。病気は、ほかの体験では代えることができない、貴重なありがたい体験なのです。

私も病気になることで、人生の棚卸しをして、本当に大切なことを悟ることができました。いつまでも未来があると思っていると、なんでも先延ばしに保留にしてしまいがちです。でも、先がないかもしれない状態になると、余計なことを抱える余裕はなくなります。ですから、**不要なものを半強制的に手放すことができるようになる**のです。

そして、いらないものを全部手放すことによって、さらに自分の軸がしっかりして、シンプルで、自分らしい生き方をしていけるようになるのです。

いわゆる「悪いこと」の中には、たくさんの「よい芽」が隠されています。それをいかに見つけるかが、人生の醍醐味とも言えます。

私にとって、病気は思いがけない素晴らしいギフトでした。病気になったことで目が覚め、すべてのことが変わり、本来の自分に戻れたと感じています。最初の本の出版話が来たのが病気の治療中だったことも、決して偶然でないと思っています。

天はなんと素晴らしいタイミングで物事を成就していくのでしょう！

ここに生きていることは、それだけですごい奇跡です。

ですから、あなたも勇気を出して、余計なもの、思い煩《わずら》いや不安、抱えきれない荷物などをいったんすべて手放して、ただ今ここにいる自分を感じ、受け入れてみませんか？　そうすれば、とても軽くラクになって、人生の次のステップに軽やかに進めることでしょう。

本来の自分を取り戻し、「今ここ」にしっかり根っこを張って、すべての出逢いや出来事を感謝の気持ちで受け取ることができると、そこがゼロポイントとなり、**上に向かって幸運のスパイラルがスタートしていきます。**

幸運のスパイラルに乗ったとき、「運をよくしよう」と頑張らなくても、実はあなたにはすでにとても素晴らしいものがたくさん手に入っていることに気づくことでしょう。

そう、手放せば、手に入るのです。

このたび文庫化によって、よりたくさんの皆さまに、幸せに生きるための秘訣をお伝えする機会をいただけたことを、心より感謝しております。担当のIさんにも本当にお世話になりました。ありがとうございました。

前著からの4年間、幸いにも乳がんは今のところ再発もなく、定期的に通院をして経過観察中です。当時小学生だった娘は高校生になり、父は93歳で大往生し、母との同居と介護が始まり、生活パターンは以前とは全く変わりました。

人生は変化の連続だなぁ……としみじみ思います。でも変化するということは、今までのパターンを手放して、幸運になるためのチャンスでもあるのです。

この本を読んでくださった皆さまが、ご自分の軸をしっかり持って、過去のパターンを手放して、本当の幸せを手にされますように、心から願っております。

菊山ひじり

本書は、2012年11月に小社から刊行された『手放して生きるとどんどん幸運がやってくる』を文庫化に際して加筆・修正し、新規原稿を加えて再編集したものです。

読者限定プレゼント

願いを叶える
天界の浄化瞑想

《音声ダウンロード》

- 本書をお読みいただいた方のために、著者が豪華ミュージシャンの方々とともに特別に録音しました。
- 1段ずつ階段を昇って天界に行き、そこですっかり浄化をしてから、アファメーションをして、願いが叶うイメージをします。
- 瞑想音声のダウンロード方法は、著者公式HPでご案内しています。

http://healing-pianissimo.com

※読者限定プレゼント（瞑想音声）の配布期間は、2016年7月10日から2017年6月30日までとなります。期限終了後は、ダウンロード方法のご案内が表示されなくなりますので、あらかじめご了承ください。

青春文庫

幸運《こううん》の根《ね》っこと
つながる方法《ほうほう》

浄化《じょうか》するほど幸運《こううん》スパイラルが回《まわ》り始《はじ》める

2016年7月20日　第1刷

著　者　菊《きく》山《やま》ひじり

発行者　小澤源太郎

責任編集　株式会社プライム涌光

発行所　株式会社青春出版社

〒162-0056　東京都新宿区若松町12-1
電話 03-3203-2850（編集部）
03-3207-1916（営業部）
振替番号　00190-7-98602

印刷／中央精版印刷
製本／フォーネット社
ISBN 978-4-413-09650-8

ほんとうのあなたに出逢う ◆ 青春文庫

いつも品がよく見える人の外見術

一瞬でも印象に残るのは、なぜ？

外見でこそ伝わる、あなたの人柄と魅力！
「何度でも会いたくなる」ような
品のよい女性になるヒントをご紹介します。

神津佳予子

(SE-644)

明日をちょっぴりがんばれる48の物語

本当にあったいい話――
1つ1つのお話が、
あなたの背中をそっと押してくれます。

西沢泰生

(SE-645)

「切れない絆」をつくるたった1つの習慣

幸せは絆をつたってやってきます。
大切な人、また会いたい人、あこがれの人との
関係を強くするヒント

植西 聰

(SE-646)

運命の舞台裏 日本史を変えた合戦

この戦いが「その後」の歴史を
決めた！　壬申の乱、関ヶ原の戦い、
西南戦争……57の大激突、その全真相！

歴史の謎研究会［編］

(SE-647)